新加坡真實罪案調查全紀錄

雙槍胡金枝 ✕「白臉」阿協 ✕ 殺警槍匪莫達 ✕ 千面林萬霖……
從懸疑案件到法庭審判，深入解析犯罪心理與社會影響

Bloody
lens

血色鏡頭 【獅城重案錄】

何盈 著

綁票、搶劫、槍擊、暗殺、火拚
——但求一死，用生命的鮮血來洗清罪惡。

黑白之間，新加坡刑案現場直擊
混跡草根的「意外記者」，真實記錄曾經叱吒風雲的傳奇刑案罪犯！

目錄

自序 「罪話」說從頭 ……………………… 005

血戰綁票王 ……………………………… 007

喋血大老闆 ……………………………… 029

單槍奪匪命 ……………………………… 061

「十分」生死戰 ………………………… 075

血染富貴墳 ……………………………… 089

千面盜末路 ……………………………… 127

七鷹戰槍匪 ……………………………… 151

一槍化危機 ……………………………… 175

誘殺冷血匪 ……………………………… 187

黑白大鬥法 ……………………………… 201

悍匪血淚書 ……………………………… 229

殲匪勇輔警 ……………………………… 243

血濺鑽石屋 ……………………………… 251

目錄

亡命匪喊冤 …………………………………… 261

小知識【CID 一二事】 ………………………… 285

小知識【審訊制度一二事】 …………………… 287

自序　「罪話」說從頭

在新加坡採訪社會新聞，以犯罪和意外新聞為主，警務行動為輔，一般稱為「意外新聞組記者」（簡稱意外記者）。一些未歸類的奇聞趣事，亦毫不「意外」地歸意外記者負責。

打從60年代初期，我置身於「打家劫舍、殺人放火」的「黑暗世界」，遊走黑白兩道，混跡草根。聽過、採寫過以及編審過的刑案罪行和天災人禍，大大小小，難以計數。

高度的熱誠使我對所採訪的「社會」，有較深刻的了解，潛移默化，養成嫉惡如仇的個性，加深對因果循環的看法。對除暴安良，維護治安的警察，更是有著特殊的感情。

其實，每一起「意外新聞」，每一起刑事罪案，都可說是一齣人生寫照，揭露了人性的無知、貪婪、變態以及矛盾的犯罪心理與做案過程，映現了社會潛在的危機；哪怕是冰山一角，哪怕是「正史」沒「記載」，那些血淋淋的刑案的的確確發生過，那些慘兮兮的場面的的確確拉緊過大眾的神經。它們的存在，任誰也不能抹掉，永遠不能！

《洗冤錄》、《包公案》、《施公案》等，是我對中西以及日本偵探故事和推理小說產生濃厚興趣的啟蒙讀物。馮夢龍的《喻世明言》、《警世通言》和《醒世恆言》，以及凌濛初的《一刻拍案驚奇》、《二刻拍案驚奇》對人性的描繪，更使我深感到：無論古

自序　「罪話」說從頭

今，無論中外，犯罪行動，無處不在。人性善惡，全憑一念；不分黑白，禍事難免；顛倒是非，悲劇必生。

天網恢恢，疏而不漏；犯罪下場，人人皆知；輕則身敗名裂，身陷牢房；重則妻離子散，家破人亡。

身為新聞記者，記錄周圍的人與事，那是本分和天職；談不上什麼厚重的價值，也很難深入表達什麼宏偉的觀點。唯一肯定的是，在處理這些文稿時，絕不歪曲事實之真相與過程。七成是親身現場採訪所得，其他是根據中西報章剪報、警方檔案、法庭訴狀以及《警察生活》月刊和年刊的特稿，篩選改寫而成。不少轟動一時的案件是大家所熟悉的；衷心希望能夠警醒世人，從中深思反省，得到一些啟示和警惕。

何盈

血戰綁票王

　　警匪喋血事件，最為轟動的計有「三大戰」：一戰綁票天王雙槍胡金枝，驚險萬狀；胡匪喪命，一名高級警官雙臂中彈。這一仗發生在1960年8月24日，地點是在沈氏大道與芽籠17巷交界處。警匪交戰約75分鐘。

　　警方之後乘勝追擊，不到一個月內，搗毀5個綁票集團，活躍一時的綁票案也為之沉寂。

血戰綁票王

警匪喋血事件,最為警界友好津津樂道的,計有「三大戰」:

一戰綁票天王雙槍胡金枝,驚險萬狀,胡匪喪命,一名高級警官雙臂中彈。

二戰「白臉」阿協,搏命浴血。阿協飲彈,一名警長英勇殉職,三名警員受傷。

三戰「大老闆」盧嶽鵬,高潮迭起,盧匪伏誅,四名警員受槍傷。

◆ 一

第一仗發生在 1960 年 8 月 24 日。

午夜 12 點。

絲絲街與羅敏申路交界處的刑事偵查局大樓內,燈火通明,人影晃動。12 名精悍的男子,齊集在三樓私會黨取締處的辦公室裡,個個神色凝重,聚精會神,把目光投注在一張地形圖上。

那是一棟戰前所建的三層樓街屋的三樓平面圖,地址是:沈氏大道門牌 134B,坐落在芽籠 17 巷交界處。街屋樓下是南亞茶室,二樓是崇僑社,隔著後門與後巷的是一道約三公尺高的籬笆,另有一道螺旋式鐵梯直通三樓。三樓靠近 17 巷的右側以木板隔開了四間房,上面以紅色原子筆畫上了 A、B、C 及 D 的標記。四間房外是客廳,客廳之後依序是:飯廳、廚房、浴

室、廁所,最後是直達樓下後巷的螺旋鐵梯。

「這次的圍剿行動,大家務必注意安全,必須謹慎小心,因為對方是個極危險的通緝犯,不但有槍,可能還有手榴彈!」

說話的是身形略矮,但卻魁梧壯健的王建忠代警監,他正是私會黨取締處的主任。

在策劃行動的前一晚,王建忠的手下——幫派調查組的羅保清探長把一名「線人」帶到他面前,向他透露了一個寶貴的情報——胡金枝出現了!

♦ 二

胡金枝是個令警方人員既頭痛又「興奮」的名字。

翻開警方檔案,胡金枝犯案累累,而且都是轟動社會的嚴重罪案——搶劫、綁票、謀殺!尤其是接二連三的綁票案,明目張膽攔車拔槍,搞得鉅富殷商,個個人心惶惶,寢食難安。

29歲的胡金枝,在黑社會裡惡名昭彰。他原本是24私會黨派系的打手,活躍於三巴旺一帶。早在1954年,他在樟宜路搶劫一輛香菸貨車內的3,500元,被警方追捕落網,判刑8年,後因在監獄中行為「良好」,只關了4年便獲准釋放。回到黑社會,他開始招兵買馬,繼續做他的「無本生意」——綁票。

1959年12月31日除夕夜。

樹膠園園主陳龍雄與兒子乘車返回萬禮路的住家途中,四

血戰綁票王

名歹徒攔住車子，兒子被趕下車，陳龍雄則遭綁走。禁錮了兩天後，陳家付了4萬元贖金換取了陳龍雄的自由。

1960年2月26日。

新加坡步兵營的魏德曼少校從銀行取出了3萬5,000元現金，開車準備回軍營發薪。車抵荷蘭路與烏魯班丹路交界，距離步兵營僅數步之遙，一輛計程車忽然從旁邊「殺」出，一把槍伸入車內，一聲吆喝隨之而起：快把錢留下！

魏德曼少校豈甘就範，他馬上踏足油門，車一轉彎，槍聲響起。

一枚子彈閃電透背而過，3萬5,000元薪水分文未失，魏德曼少校卻因此殉職，永遠回不了軍營！

同年7月12日下午5時。

軍港巴士公司老闆張亞其，駕車返回淡申路上段住家途中，遭四名歹徒綁票。他前後被禁錮了四天四夜，家屬付出2萬元贖金，他才無恙歸來。

緊接著張亞其獲釋的當天，黃謙成公司的負責人黃豐順乘車前往新山一樹膠園時，在哥打丁宜20公里的路上，被四歹徒以槍威脅。黃豐順飽受拳打腳踢，家人付出了4萬5,000元為他贖身，關在匪窟前後9天的他，才獲得釋放。

黃豐順脫綁的三天後，錦利有限公司的董事經理李水權在午夜時分駕車離開大世界友人的住家時，遭匪車超車攔阻，車內跳出四名歹徒，其二持槍，硬把他綁架而去。

李水權身陷匪窟8天，家人以9萬元贖他回去。

他當初沒有報警，因為，他的女兒曾經接獲恐嚇電話，不得把綁票的事情張揚，否則，他與家人都性命難保。

綁匪釋放了李水權後，馬上又在8月10日上午9時在哥打丁宜的樹膠園裡，綁架了58歲的園主何招才。

做案的也是四個人，當中兩人持自動手槍，匪車是輛白色的「喜臨門」。

被囚禁了11天後，何家以6萬元把何招才平安地贖了回家。

那是1960年8月21日晚上10點發生的事。

警方初步猜想，由1959年10月12日到1960年8月21日在新馬兩地共發生了最少12起綁票案，綁匪勒索的贖金共約75萬元。這筆款額在四五十年代可說是巨大的。

策劃這一連串綁票案的首腦，警方懷疑便是他們列為頭號通緝犯的雙槍胡金枝！

胡金枝的行蹤不定，警方一時無法確定他的落腳處，一直到1960年8月23日午夜，情報終於來了。這可靠的情報，為偵查人員注射了興奮劑，尤其是備受各方壓力的王建忠代警監，更是徹夜難眠，埋頭策劃圍剿行動，準備與這個不讓警方人員喘一口氣的綁匪，決一死戰！

◆ 三

　　線人提供的情報是這樣的：

　　胡金枝是跟一名洋名叫做楊尊尼的男子一夥，同住一處。

　　楊尊尼原名楊南楊，警方的檔案紀錄顯示，他是969私會黨派系的打手，活躍於結霜橋、雙溪路及衛德路一帶。1954年，他曾被警方監視兩年。1958年，他被控擁有槍械，但卻獲得無罪釋放。

　　由於他常在黑社會活動，跟胡金枝臭味相投，便結伴打家劫舍，最後還成為了胡金枝綁票集團的得力助手。

　　線人透露，胡金枝匿藏在南亞茶室三樓前房，楊尊尼則藏在後房。

　　線人也說，如果南亞茶室樓下停放著一輛SB7852的賓士與SU2228的喜臨門，那表示胡金枝與楊尊尼一定在屋裡，因為，賓士是胡金枝的，喜臨門是楊尊尼的。

　　線人最後留下了「警告」：胡金枝絕不輕易就範，他立下誓言，要跟警方人員，鬥個你死我亡！

　　由於胡金枝的心理難以捉摸，王建忠代警監不得不謹慎其事，胡金枝什麼事都做得出，警方不得不做最壞的打算。

　　為了占盡先機，方便部署行動，王建忠代警監從有關部門，取得了突擊目標的地形平面圖，並且在胡金枝可能藏匿的A房打了個紅色的X記號，在楊尊尼藏身的D房劃了個黑色的

O 標記。他把圍剿隊伍分為四個小隊：

第一小隊：納那辛甘副警監帶隊，成員包括沙米爾警長，羅保清警長，陳麥克警長及連文謙警長。任務是：活擒兩人。

第二小隊：林再興代副警監為首，成員包括黃龍華代助理警監，柏魯警長，謝清保警長。任務是：埋伏後巷，封死歹徒退路。

第三小隊：納達拉惹警長與何警探，在南亞茶室前門埋伏，任務是：阻止歹徒逃跑。

第四小隊：布里奇助理警監率領一組鎮暴警察，以扇形包抄與封鎖屋子四周的要道，任務是：一旦發生槍戰，可以協助攻堅；另一方面則嚴禁閒雜人等出入，以免阻礙圍剿行動。

王建忠代警監一邊調派人手，一邊指著地形平面圖上各小隊所要突擊的目標，然後，轉頭告訴第一小隊：

「第一小隊由我指揮，要是一發現情報上所說的兩輛車都停放在那裡，陳、連兩位警長請隨我一起衝入 A 房對付胡金枝；納那辛甘副警監有勞帶其他同僚衝入 D 房，制服楊尊尼。」

檢查了一下左輪上了膛的槍彈，王建忠代警監氣定神閒地繼續吩咐：

「要是沒看到那兩輛車，我們便以靜制動，耐心等候，屏息埋伏。第二小隊後巷埋伏的同僚，請把注意力放在三樓的螺旋鐵梯的出口，一見歹徒出來，便趕緊前去支援，協助捉拿他們。布里奇助理警監請留意我給你們的暗號，隨時收縮扇形包

📷 血戰綁票王

圍網，逼近匪窟支援！大家還有什麼疑問嗎？」

收起了地形圖，王建忠代警監環顧一番，個個同僚精神飽滿，蠢蠢欲動，紛紛搖頭表示沒有疑問。

「好，行動開始，大家注意安全！」

◆ 四

8月24日凌晨1時30分。

夜涼如水，四周寂靜。

街燈昏黃，空巷無人。

賓士與喜臨門都在。

圍剿人員抖擻精神，提高戒備。

沈氏大道那棟134號三層舊街屋仍在沉睡中，樓下的南亞茶室前面緊閉。

由茶室旁邊的樓梯直登三樓，但見前面的木門關著，外面還有一道上了鎖的鐵柵。

王建忠代警監持槍在手，點了點頭，陳警長鐵鍬在手，奉令撬開鐵柵。陳警長之後又換了把鐵鋸，朝木門猛鋸。

屋子內，睡在三樓後房的楊尊尼被撬門聲驚醒。他推開依偎在他身邊的妻子亞妹，匆匆眺望窗外，但見鎮暴警車停放在屋子外面。

楊尊尼的睡意全消，開啟了房門，半明半暗之中，一個人

影由前房竄出,朝客廳奔去。

那人穿著背心與柳條睡褲,他正是胡金枝。

楊尊尼連忙跑進中間的房子內,裡面是屋主與兩個女兒,她們都伏在床邊,一臉驚怕之色。

他的妻子亞妹六神無主,正想隨丈夫跑入屋主的房內躲藏,胡金枝忽然現身,她嚇得幾乎尖叫起來,連忙用力把大門關上。

「他媽的,你們跟我都去死好了。」胡金枝在門外暴跳如雷。

「我們是刑警,你們最好不要亂動!」

門外傳來一聲高叫。一名男子從破了個大洞的前門鑽了進來。

砰……砰……槍聲響起。

亞妹連忙衝出門,頭也不回飛奔入中間的房裡,整個人隨即倒在丈夫楊尊尼的懷中。她嬌軀亂顫,臉青唇白,半句話也說不出來。

老屋主則緊摟著兩個年幼的女孩,全身抖動,唸唸有詞,顫聲吐出這麼一句話:「老天爺保佑,老天爺救命啊!」

最先進屋的是陳警長,他把木門鋸開個僅夠一個人容身的洞口,然後鑽身而入。

他飛快奔入前房,摸黑找到電源總開關,準備亮燈,好讓同僚方便行動,念頭方轉,槍聲驟響。

放冷槍的正是躲在暗處的胡金枝。

跟隨在陳警長後面掩護的是羅保清警長,他眼明手快,一聽到槍聲,馬上推開陳警長。

陳警長就地一滾，子彈擦身而過，差之毫釐，射進了沙發。接著，連警長也從洞中跳入屋，並且隨手搬了張椅子，擋在面前。

藉著窗外微弱的燈光，只見胡金枝雙手各握一槍，藏身在暗處冷笑。這時，王建忠代警監與納拿辛甘副警監也衝入屋內。

燈光忽然大亮，原來是陳警長開了電源。兩聲槍響就在燈一亮的剎那間連環傳出。

半伏在地上的王建忠代警監低呼了一聲，他感覺雙臂忽然一陣炙痛，接著鮮血汨流。原來，胡金枝就躲在王建忠代警監對面的牆角，趁燈亮先發制人，雙槍齊開，射傷了首當其衝的王建忠。

強忍著雙臂槍傷的疼痛，王建忠代警監側身飛撲入中間的房間內。房內還有楊尊尼夫婦、年邁的女屋主跟她兩個女兒。

另一方面，納那辛甘副警監、羅保清警長與沙米爾警長已經會合在一起，蹲伏在前房外面的左側，陳警長與連警長也已埋伏在前房外面的右側。他們跟躲在飯廳靠近後房牆角的胡金枝，剛好構成一個三角對立的局面。

納那辛甘副警監在王建忠代警監受傷後，挑起了現場指揮官的重任。他低聲吩咐羅保清與沙米爾兩名警長：

「羅，你開槍掩護我，我要到中間的房內檢視王建忠代警監的傷勢。沙米爾，你得以最快的速度，在羅開槍的時候，跑去開啟後門，讓林再興代副警監那隊人馬衝進來。」

緊急部署好這前後夾攻的策略後,納那辛甘副警監馬上跟羅保清警長打了個眼色,雙雙飛撲向前。

砰……砰……砰……砰……

連環四槍,一聲慘叫。

羅保清警長的槍沒有白放,當中一彈射中了胡金枝的大腿。

胡金枝身形一矮,人未倒下,雙手卻還很敏捷,雙槍朝前房與客廳發射。

說時遲,那時快,沙米爾警長趁羅保清警長一連開四槍,胡金枝負傷還火之際,奔經後房與廚房,開啟了後門,讓從螺旋鐵梯上來的林再興代副警監等同僚入屋。

林再興代副警監一踏進屋內,連忙奔向中間房門旁邊,跟掩護王建忠代警監的納那辛甘副警監會合。

「再興,胡金枝已經躲入後房,千萬要小心,這傢伙火力還很猛!」

納那辛甘副警監一邊提醒經過後房的林再興代副警監,一邊朝後房開了一槍。

「再興,快下樓用擴音器命令胡金枝等人投降,並且通知樓下的布里奇助理警監派人護送王建忠代警監出去,然後,朝後房發射催淚彈!」

林再興代副警監點了點頭,一邊飛跑,一邊朝後房放槍。

砰……砰……

又是一連串槍響,劃破了寂靜的長空,整條芽籠 17 巷的住

017

血戰綁票王

戶,也都在夢裡被槍聲驚醒。沈氏大道 134 號這棟舊街屋三樓的警匪槍戰,彈雨橫飛,驚險萬分,戰得可正緊張激烈!

負責封鎖現場的布里奇助理警監聽了林再興代副警監的彙報後,馬上奉令拿了把長型發射槍,站在這棟舊街屋的對面走廊,瞄準三樓後房發射。

砰……砰……

一連五響,催淚彈像連珠炮飛拋,不偏不倚,全都射入了三樓後房。煙霧四起,一些灰煙飄散窗外,撲鼻一陣麻癢,雙眼更是禁不住淚流。圍剿人員都戴上了防煙面罩。

「胡金枝,你們已經被警方包圍了,快快舉高雙手出來投降!」

猜想催淚彈會在不久後發揮效力,林再興代副警監透過擴音器,以福建話重複廣播。

回應的是槍聲。

這時,三樓前房的窗開啟了。露面的不是悍匪胡金枝,而是王建忠代警監,他那還流著血的右臂緊拗著楊尊尼的頸項。

原來,王建忠代警監臨危不亂,他雖然先遭胡金枝暗算,雙臂受了傷,但他憑著威武的神態與奮勇的戰鬥力,制伏了楊尊尼,並且趁納那辛甘副警監等跟胡金枝交戰,場面混亂時,他退進了前房。

布里奇助理警監馬上命令在旁戒備的消防車,升高了雲梯,前去營救王建忠代警監。在催淚彈的煙霧與幾聲嗆咳聲中,楊尊尼夫婦、老房東與兩名小女孩與王建忠代警監,都先後從雲

梯脫險。

楊尊尼當場被捕,其妻亞妹與當中一個小孩的腳則被流彈所傷,還好都只是皮外傷。

這時,已經是凌晨2時10分,警方槍戰已進行了將近5個小時。

◆ 五

在槍戰現場,刑事偵查局局長謝登祝助理警察總監已經抵達,他親自慰問了王建忠代警監後,下令救護車把他與兩名傷者載送到醫院急救。

謝登祝助理總監則由鎮暴隊一名警長手中,接過了催淚彈發射槍,朝屋前發射。催淚彈射中了客廳的牆上,發出類似爆炸的聲響,濃濃的煙霧跟著瀰漫整棟舊街屋。

「胡金枝,快出來投降,不然,我們要開槍了!」謝登祝助理總監高喊了數聲。

屋內還是沒有人回應。

謝登祝助理總監把手一揮,林再興代副警監與布里奇助理警監雙雙提起了輕型機關槍,繞到後巷,急步沿螺旋鐵梯上去,準備從後門攻堅。

布里奇助理警監一進屋,便伏在飯廳後面,朝後房開了一槍。林再興代副警監則在發射了一枚催淚彈後,又從一名鎮暴

血戰綁票王

警員手中接過一把來福槍，一連開了兩槍。

早在屋內埋伏的納那辛甘副警監，這時也開了多槍。

慘呼聲由後房傳出。

「快快出來投降！」

回答的是粗暴的吆喝，接著是「胡、胡、胡」的悶哼，像是受了重傷的野獸在作最後掙扎發出的嚎叫。

納那辛甘副警監隨著叫聲，奔入後門與林再興代副警監會合，兩人各提了一把輕型機關槍，並且叫羅保清警長過來，低聲商量了一陣，決定直搗匪房，作最後衝刺！

三人放輕了腳步，來到胡金枝藏匿的後房之外，羅保清警長輕推木製的前門，發現門已經被胡金枝反鎖了。莫非胡金枝已經下了背城一戰的決心，寧死不降？

屋內的燈光已經關了，漆黑一片，胡金枝這傢伙，究竟躲藏在哪個角落？

已經沒有時間讓羅保清警長仔細推敲了，只見林再興代副警監比了個手勢，半跪在客廳的中央，輕型機關槍的槍管對準了後房的中間。

羅保清警長向上司點了點頭，飛腳猛踢後房的木門。

木門嘩啦啦被踢開，羅保清警長閃身而出，用力把門簾布扯下，然後是一陣密集的連環槍響……最少有 30 發子彈朝房內的暗處發射。

催淚彈的煙霧漸散漸稀，房內已經沒有慘呼聲傳出。只有

斷斷續續，微弱無力的痛苦呻吟……沉寂了片刻，納那辛甘副警監吩咐手下拿了一盞小油燈，跟林再興代副警監一起進入後房。

後房在槍戰後，凌亂不堪。靠近17巷的那一邊開有一窗，右邊放著一臺留聲與收音機。左牆角有張梳妝檯，臺上的玻璃陳列架內擺滿了名貴的化妝品。

睡床擺在靠近窗戶之下，床頭靠牆，床頭架上有一盞花燈，兩旁則有多件瓷製的家禽裝飾品。窗邊綁著兩條紅色的繩帶。

令人觸目驚心的是，遍地點點滴滴的血跡，板製的壁上彈痕累累，房內的電燈泡已經碎裂，相信是被流彈所擊碎。

呻吟聲由床底傳出。

林再興代副警監一手掀起床架，一個滿布彈孔的枕頭掉落地上，枕頭袋繡著「龍鳳呈祥」四個血紅大字，壓在枕頭之下的是散落一地的武俠小說《神通廣大》。

胡金枝渾身是血，胸前隔著一個被鮮血染透的抱枕，雙手還各別緊握著一把槍，槍被血染紅了。胡金枝雙目緊閉，氣若游絲。

雙槍綁匪胡金枝，最終遭警方擊斃。

血戰綁票王

　　林再興代副警監大步踏前，拿走胡金枝手中的雙槍，雙槍各繫著一條紅色的繩線。

　　納那辛甘副警監則吩咐一名警員倒了一杯水，慢慢讓胡金枝喝下。

　　這時，負責善後的楊溫明警長上樓進行調查，他從林再興代副警監手中接過了胡金枝的雙槍之後，又在床頭右邊頂端的一個暗格內，搜出兩把左輪，裡面裝滿了子彈。

　　在另一個暗格內，楊警長發現一件禦寒夾克，右口袋裡有個火柴盒，裡面藏著五枚未曾使用過的子彈、一把刀以及一把鐵線剪。

　　除此，查案人員也搜出一疊鈔票及一個金錶。這疊鈔票後來由三名被綁的肉票上庭指證，證明是他們在被綁後，家人所付出的部分贖金。

　　此外，還有兩張馬來聯邦的身分證與兩張駕駛執照，一張是馬來聯邦的，一張是新加坡簽發的。但這四張證件都是別人的，只不過換上了胡金枝的照片。警方懷疑胡金枝曾以不同的身分，出入新馬兩地，做其不法勾當。

　　當救護車把胡金枝送往中央醫院途中，身中最少 12 彈的胡金枝，因流血過多斷了氣。

　　決戰已畢，躺在醫院的王建忠代警監鬆了一口氣。他走到窗前，雙臂還隱隱作痛。遠處是團團的漆黑，在暗處裡，可又有什麼見不得光的事在展開？

警方破案後，召開記者會，披露案發經過。左三為本書作者何盈。

他輕閉雙目，是應該閉目養神的時候了。明天，明天還有罪案在繼續？還有挑戰在繼續？答案是肯定的⋯⋯

◆ 六

這場警匪喋血戰，前後歷時約 75 分鐘，出動的警方人員共 70 多名。隨著胡金枝的伏誅，他的「神祕」身分也揭開了。

落網的楊尊尼在警方嚴厲的盤問下，確認 12 起綁票案當中，有 7 起是胡金枝所做的。

警方事後回到胡金枝房內搜查，從所破獲的一些檔案與紙條中，發現了兩個柔佛州的地址。在聯絡了柔佛警方後，突擊了新山兩間屋子；一為半獨立排屋，另一是獨立式洋樓。

警方在楊尊尼的指認下，確定兩屋都是藏匿肉票的匪窟，因為何招才與另一商人陳文確都是在新山被綁票與獲釋的，屋

血戰綁票王

內還留下麻包袋與繩索。

兩屋皆已經上鎖,當中一間空無一人,一間則已經出租。

胡金枝向來非常自我,不輕信他人,因此,策劃綁票與藏匿肉票,他都親力親為。他的匪窟有好幾個,兩個在柔佛。他從不跟手下透露地點,他怕對方談條件,比如乘機分贓,或拿到錢後告發他。

他也經常獨自去領取贖金,他拿最大的一份,因為他出錢買肉票的「情報」,以及提供槍械。

他對「工作」要求苛刻完美,但他也講「義氣」,出錢協助手下,比如有個柔佛要犯「豬哥」,胡金枝給了他 1 萬元跑路。

不到最後一刻,胡金枝不會透露綁票計畫的詳情,沒有人知道他住何處,手下都以他馬首是瞻。可是,他畢竟不是個超人,他也有人性的弱點:錢、女人、賭是他三大嗜好。

他喜歡買名貴衣服及手錶,因為他相信先敬羅衣後敬人,尤其是到妓院,他愛充當有錢人。他喜歡召妓回家搓麻將,他沒有保鏢,但有個女司機。這名女司機身分如謎,在他被擊斃後,神祕女郎不知所終。

他不喜歡跟手下搓麻將是因為他經常出千,他不想騙手下的錢。那些妓女都蒙在鼓裡,只因為他出手大方,妓女樂得跟他打交道。

據說,在他死後,芽籠有六家他常光顧的妓院都關門「致哀」。

胡金枝跟不少黑道人物一樣，相當迷信，算命師說他的幸運號碼是4，因此，他每次做案都帶三個手下，所組的綁票黨都是「四人幫」。

他喜歡獨自躺在床上抽著 Lucky Strikes，構思他的綁票大計，包括做案到逃跑的步驟、路線，甚至談判贖金的「對白」。

他經常藏匿在新山，以擺地攤賣衣服作掩飾，打聽四周的環境，以及收集綁票目標的「情報」。

他與妻子聚少離多，妻子還以為他要拋棄她們母子。他是奉父母之命成婚的，一開始感情便不好。

1954年，他的妻子在他打劫香菸貨車落網後前去探監時，要求離婚，他一口拒絕：等我出獄才談。

1959年，他因為在監獄中「行為良好」獲得釋放，離婚之事，沒再談了。

在監獄中，他想著發財夢，包括賺快錢，然後與妻兒過豪華生活。要賺大筆多且快的錢，莫過於綁票。

有一回，他在地下賭館與獄友重逢。這名姓許的獄友，原本任職皇家英軍工程部派薪處（柔佛）的文員，因為在1952年擁有手槍與子彈，被判入獄9年。

兩人臭味相投，在獄中放風時，竟然商量做案大計。胡金枝建議另起爐灶，自組綁票黨，不要投靠已經有名氣的大黨，因為人多複雜；黨小易管，行蹤也不易識破。

他出獄後到波東巴西許姓的住家會合，繼續談「大生意」。

血戰綁票王

他們開車到芽籠紅燈區招兵買馬，組成四人集團。

如果他與手下苦候的目標沒出現，為了洗掉霉運，他會召三名妓女搓麻將「轉運」。但是，只要綁票得手，他躺在床上猛擦他那把 0.38 口徑的左輪。

胡金枝在死前最後一個星期，性情有點大變，他平日在光天化日下，不敢開車，怕人認出，但那個星期，他卻讓神祕女郎陪他，開著他的黑色賓士遊逛。

最教人費解的是，他竟然會相信一名警方「線人」，無意間向對方透露，他跟得力助手「上海仔」楊尊尼，有時會在沈氏大道落腳。

在胡金枝成為新馬警方通緝的頭號「公敵」後，新馬兩地警方曾經想方設法捉拿他，當中有兩次差點捉到他。

有一回，警方包圍他格蘭芝的住家，發現屋子竟然機關重重——他設計了好幾重籬笆，警方越過第二重，他與手下已經被驚動逃跑了。

另一回，他在受新山警方包圍時，跳車入海，游向接應他的快艇，逃到附近小島。

其實，他在逃亡期間，已經有了倦意，他曾向兩個朋友透露，他要金盆洗手，退出江湖。

在他伏誅前夕，1960 年 8 月 27 日，許去找他，他載許去新山，晚上 9 點，他買了他最愛吃的燒鴨回來。楊尊尼與妻子都在屋內，他叫他們一起吃消夜。他興高采烈，還喝了整瓶的萬

蘭池烈酒。

在這之前,他開車到羅威路收取兩張支票,每張 1,000 元。他把錢放在友人之處,主要是怕警方查出。他揮霍成性,綁票與搶劫所得約超過 50 萬元,但存在朋友處,還不到 1 萬元。甚至他伏誅後,警方在他身上僅搜出一張 50 元,還有 96 張 10 元面額的鈔票。

這兩張支票是他準備在吉隆坡買屋子的頭期款,一間自己住,一間給他的好友。這名好友已經被判坐牢,他的心願全落空,警方事後起獲了這兩張支票。

胡金枝之死,震撼了整個黑社會,警方打了漂亮的一仗。

警方士氣如虹,在掌握了更多的情報後,乘勝追擊,在不到一個月內,接連搗毀 5 個綁票集團,逮捕了 37 名嫌犯。活躍一時的綁票案也為之沉寂了一陣。

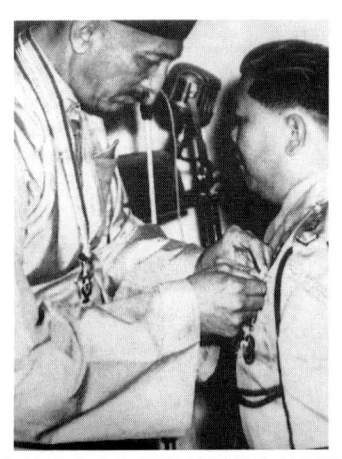

新加坡首任總統尤索夫頒發英勇獎章給王建忠警官。

📷 血戰綁票王

喋血大老闆

　　警匪三大仗中，二戰「白臉」阿協，搏命浴血。阿協飲彈，一名警長殉職，三警受傷。

　　三戰「大老闆」盧嶽鵬，高潮迭起，盧匪伏誅，四警受傷。

　　警匪第二仗與第三仗密不可分，仗中有仗，險上加險，「殺」得日月無光，槍彈橫飛，凶險無比，緊張萬分⋯⋯

　　時間：1965 年 8 月 5 日清晨 6 時。

　　地點：芽籠 40 巷松林園內。

喋血大老闆

警方與綁匪的第二仗與第三仗密不可分,仗中有仗,險上加險,「大老闆」盧嶽鵬與得力助手阿協先後喪命,警方則損失了一名英勇的警長,三名警員受了傷。

這場仗中仗,「殺」得日月無光,槍彈橫飛,凶險無比,緊張萬分……

◆ 一

1965年8月5日清晨6時。

晨光熹微,西北角淺灰的高空,掛著稀稀疏疏、黯然失色的星星。

芽籠40巷松林園內。

松濤未掀動,萬籟寂無聲。

荷槍實彈的警方人員在朦朦朧朧的晨曦掩護下,重重包圍了一棟舊式的洋樓。

人影迅速晃動,四處奔散伏下。

這些人影超過80多個,個個動作敏捷,他們已經掏出了手槍,各自占據了有利的位置,槍管對準了洋樓,只待指揮官一聲令下,雷厲行動即將展開。

另外一隊制服警員,手提機關槍,腰繫催淚彈,他們緊跟在80多名「先鋒部隊」之後。

再來便是大批鎮暴警察,提著藤盾,挺起機關槍,封鎖著

離開洋樓約 300 公尺，接近大路的地方。

大家都屏住了呼吸，風雨欲來的前一刻總是平靜安寧的，但大家此刻都似乎嗅到了危險的氣息。

因為，這是一觸即發的槍戰，誰也難以想像後果會如何。

或許會是殘酷激烈的槍戰，換來的也許是血肉橫飛、淒厲恐怖、不忍卒睹的景象。

誰也不忍心打破這寂靜，內心卻沒有法子平靜下來。

因為，大家都知道，警方這次圍剿的是個怙惡不悛的通緝要犯。這個要犯，行蹤神祕，從不向人透露真實姓名與身分。

黑社會裡都稱呼他為阿協、協先生、阿水、摩根、強尼。

阿協，29 歲，長得英挺灑脫，向來沒有正當的職業，專靠勒索與吃軟飯為生。

他喜歡出入風月場所與地下賭窟，不管白天還是黑夜，他都戴著一副太陽墨鏡。他風度翩翩，不少歡場女郎對他服服帖帖，給了他一個「白臉」的外號，當中一名酒吧女郎還自認是他的妻子，為他養育了一個孩子。

阿協最初是 969 私會黨派系的無名小卒，背叛 969 之後，投靠「三字」，在竹腳一帶張牙舞爪，橫行霸道，「名聲」逐漸在黑社會打響。

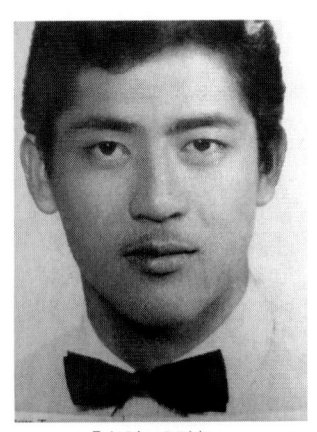

「白臉」阿協，
是綁票王盧嶽鵬的得力助手。

喋血大老闆

　　由 1960 年開始，阿協加入了一個綁票集團，成為綁匪頭子的得力助手，犯下一連串轟動社會的綁票案，被綁的包括了電影業鉅子邵逸夫的公子邵維銘，以及慈善家黃桂楠等。

　　兩個月前，阿協在維多利亞街出現，跟追蹤他的警探交戰之後，倉促逃命。

　　警方由現場的蛛絲馬跡追查，終於接到了可靠的線報：阿協犯下多起綁票案後，逃去印尼，接受了當地某些分子的特別訓練，並在幾天前，從榜鵝海邊祕密登岸。

　　令人震驚的是：阿協潛回新加坡的目的，主要是招兵買馬，集結歹徒與罪犯，除了策劃綁票事件，也陰謀進行各類破壞行動。

　　警方這次的圍剿行動目標固然是要緝捕阿協歸案，阻止他的破壞行動。另一個更重要的任務是要從阿協身上，追查一名綁票老大的行蹤。

　　這個綁票老大最少綁架了 7 名本地富商與社會聞人，早已經被列入十大危險通緝犯中的頭號人物。

　　他，就是警方檔案中所形容的 50 年代「綁票大老闆」──盧嶽鵬！

　　在盧嶽鵬還未稱「王」的 40 年代，做了十多起的雙槍胡金枝是「綁票天王」。

　　胡金枝已經在 1960 年 8 月 24 日沈氏大道的一場警匪槍戰中身亡。他最終是自食其果，以血償還了他的罪惡。

　　盧嶽鵬與阿協的下場又如何？

◆ 二

　　旭日初昇，淺灰的天際轉藍，冷星已無蹤。
　　擴音機在松林園內迴旋：
　　「阿協，我們知道你在屋裡，快拋下武器，高舉雙手，走出來投降吧！我們保證不會向你開槍。」
　　洋樓內沒有動靜，也沒有回應。
　　帶隊的柯薩副警監看了看腕錶：上午7時。
　　是應該採取行動的時候了。
　　他揮手向屬下比了個進攻的手勢，埋伏在前線的一小隊制服警員，發射了二十多枚催淚彈。
　　濃煙瀰漫，由空隙隨風飄入洋樓內。
　　最先埋伏在四處的便衣警探，紛紛拔槍，準備衝入洋樓。
　　就在這時，只見滾滾濃煙之中，兩男一女，雙手高舉過頭頂，滿臉眼淚與鼻涕，連聲噴嚏，走出洋樓外，向警方投降。
　　女的身懷六甲，看似歡場女郎，數名警探迎上前，替他們上了手銬，把他們押到巷口的大路。
　　之後，警方又在洋樓附近，扣留兩名男子。
　　柯薩副警監從扣押的男女口中，獲知阿協的確藏在洋樓內，最可怕的是，阿協還攜有機關槍與手榴彈！
　　這幾名男女還告訴柯薩副警監，阿協匿身在天花板暗格的通道裡，通道可以直通隔壁的另一棟洋樓。

喋血大老闆

　　柯薩副警監觀察了一下周圍的地形，他正要部署緊急突擊行動時，抬頭望見一個人影，蠕蠕而動，爬向隔壁的洋樓。

　　事不宜遲，柯薩副警監右手一指，旁邊的林金獅警長點了點頭，緊跟著他，雙雙撲進了隔壁的洋樓內。他們準備捷足先登，「封死」該人影的去路。

　　柯薩副警監這時肯定那人影是阿協，便吩咐林金獅警長用潮州話與華語，喝令阿協出來投降。

　　林金獅警長用擴音機勸降，沒想到，回答的竟然是一聲槍響。

　　鮮血由天靈蓋泉湧，林金獅警長遭悄悄揭開天花板瓦片的阿協，瞄準頭部，開了一記冷槍暗算。

　　奮不顧身的林金獅警長中彈後，立刻倒在血泊中，柯薩副警監痛失得力助手，欲撲前搶救，卻被阿協的連環槍逼得後退到洋樓的一個角落。

　　阿協因熟悉屋子的地形，占了地利，搶了先機，他由天花板爬向前屋，又朝屋外埋伏的警探，一連開了好幾槍。

　　屋外，鎮暴部隊指揮官雷傑斯副警監見柯薩副警監與林金獅警長還未露面，知道事情不妙，便帶了柏拉警曹與胡申警員，身穿防彈衣，面戴防煙罩，衝入傳出槍聲的屋裡。

　　雷傑斯副警監與柏拉警曹先以催淚彈開路，掩護胡申警員，搶救奄奄一息的林金獅警長。

　　柯薩副警監見援手已到，精神大振，趁機朝天花板的通道

開槍，另三名警員也已經掩至洋樓唯一的窗，連放了數槍。

躲在天花板通道暗格的阿協，登時被激怒，狂性大發，舉起了機關槍，胡亂猛掃！

砰砰槍響震耳，子彈凌空橫飛，聲聲驚心動魄。

催淚彈的煙霧逐漸散開，雷傑斯副警監與柏拉警曹跳上天花板通道的暗格，狡猾的阿協已經失去蹤影，只留下一把左輪。

原來，負嵎頑抗的阿協，一邊交戰，一邊已縱身跳進一間臥室，繼續朝屋外瘋狂掃射。

雷傑斯副警監與柏拉警曹步步為營，掩至臥室，驚見阿協竟然揚手要拋手榴彈。

「小心手榴彈！」

雷傑斯副警監高喊一聲，迅速就地一滾，滾到了門邊。

柏拉警曹動作慢了一點，整個人當場愣住。

砰的一聲巨響，屋子裡起了一陣激烈震盪。

手榴彈就在這電光火石的剎那爆開，柏拉警曹首當其衝，手與腳都被炸傷，痛得在地上打滾。

這時，已經有一名警曹艾吉衝了進來，與此同時，阿協正俯身拾起柏拉警曹墜地的機關槍。

艾吉警曹眼明手快，先發制人，舉槍對準阿協頭部，開了一槍。阿協頭部登時被射中，身上所攜帶的另一枚手榴彈則隨地滾動，爆了開來……

隨著爆炸巨響，窗簾遭火星濺及，很快的狂燒起來。

喋血大老闆

　　熊熊烈焰，團團濃煙，一場觸目驚心的警匪喋血戰，轉瞬間變成了一場火患。

　　柯薩副警監與雷傑斯副警監等人都及時撲出屋外，林金獅警長與柏拉警曹則雙雙緊急送往醫院急救。

　　風助火威，火勢凶猛，蔓延隔鄰，一排四間瓦片屋頂的洋樓，不到片刻，捲入通紅的火海之中。

　　大火由上午7時30分燒起，直到9時才撲滅。

　　望著濃煙化淡，柯薩副警監心痛如焚，因為，院方傳來了噩耗，林金獅警長已經殉職！

　　林金獅警長只有29歲。他是前立法議員林春茂的姪兒，父親林春成是退休的警察訓練學院教官。林金獅警長家裡還有兩名弟弟，以及四名妹妹。他已婚，太太是教師，留下一個只有8個月大的孩子。

　　柯薩副警監強忍悲痛，走入屋內調查。阿協的屍體已經燒得焦黑一片，早已面目全非，屍體旁邊還有一把機關槍。

　　這次的圍剿行動雖然殲滅了通緝要犯阿協，逮捕了5名男女，破獲了一批武器和槍械，但警方卻損失了一名英勇盡職的警長。

　　阿協飲彈身亡了，他的幕後「大老闆」盧嶽鵬，究竟去了哪裡？

　　追查的線索，豈不是要隨阿協的死而斷了？

◆ 三

根據警方檔案指出，盧嶽鵬年約 39 歲，個性倔強，愛偷東西，六度被警方逮捕。

盧嶽鵬小時，父母雙亡，他共有 8 名兄弟，2 名姐妹。他排行第三，育有 7 子 2 女。

他原本是裕廊一個農家的孩子，書讀不成，輟學後在菜園幫忙。40 年代初期，盧嶽鵬一度是個成功的商人，他的「發達事蹟」還曾編入 1964 年出版的《馬來西亞新人物史》一書內。

他擁有兩家汽車貸款金融公司，多個產業、雜貨店、熱帶觀賞魚店與養魚場。他也擁有多輛計程車出租，生活寫意，喜歡花天酒地，拈花惹草。

他出入以賓士豪華汽車代步，娶妻納妾，享盡齊人之福。

任意地揮霍，加上經營不當，他的生意每況愈下，好幾家店都面臨倒閉的厄運。

只要有資金周轉便可以扭轉劣勢，重振旗鼓。

資金並非一小筆數目便可以解決的，也不容易向他人借貸。

他面對最棘手的問題是：要到哪裡去籌備資金？

綁票！

綁票似乎是最快捷、最容易「賺大錢」的途徑。

於是，這名原本在警方檔案中沒有黑社會案底的「大老闆」，因為這一念之差，為了挽救面臨失敗的生意，走上了犯罪之

喋血大老闆

路。第一個綁票的目標是個生意人,最近中了馬票。

盧嶽鵬召集了三個當臨時工的男子,當中一個是他做高利貸時的舊相識老楊,他們在 1956 年 9 月 2 日,跟蹤生意人的兒子,在他放學回家途中,把小孩綁去,藏在布萊德路租來的屋子,然後,向生意人勒索 2 萬元贖金。

一切進行順利,贖金輕易得手,人質安然獲釋。

可是,盧嶽鵬並沒有利用這筆錢來挽救他的生意,走回正途。他食髓知味,貪得無厭,內心反而湧起這樣一個念頭:綁票這「無本生意」,好撈得很,何不多做幾票?

就這樣,盧嶽鵬泥足深陷,不能自拔。

1958 年,他做了第二起綁票案。

這次,盧嶽鵬已經懂得如何策劃綁票大計,而且還決定擴大「陣容」,他交代老楊另外招募五個黑道分子加入綁票黨。

他把一個姓鄭的商人,連人帶車綁去,然後,向鄭家索取了 5 萬元贖金。

1959 年,盧嶽鵬又向一名姓羅的商家下手,這回他勒索到 8 萬元贖金。

在那個時候,警方對這三起綁票案的查案工作一籌莫展,不知幕後主腦是誰。

最主要的原因是:盧嶽鵬沒有犯罪紀錄,警方無從著手查探。其次是盧嶽鵬有他聰明之處,他很留意手下的背景,只要沒有前科,自然不易被警方查出。

因此，他挑選的手下都是那些完全沒有私會黨行動案底的勞工與臨時工。

不過，從另一個角度來看，盧嶽鵬既然不是黑社會出身，在那個圈子裡，他寂寂無聞，當然不容易招攬到黑社會的亡命之徒來為他效勞，共闖世界。

要是盧嶽鵬堅持他最初招募人馬的「原則」，警方的確是要花上一段相當長的時間來摸清他的來龍去脈。

然而，盧嶽鵬的野心越來越大，他幻想榮華富貴，要賺更多的錢來滿足他的享受，除了釣「大魚」之外，別無他法。

可是，要釣「大魚」，便得有周詳的計畫，得要膽大心細，不能老靠著幾個毫無犯罪「經驗」的「新手」，必須找一批又熟練又兇狠的黑幫人馬，這樣「生意」才能越做越大。

他於是開始往黑社會裡攢動，他故意出手闊綽，引起一些亡命之徒的注目。

這一轉變，雖然使他在黑社會揚眉吐氣，聲名大起，但他跟三教九流的人馬四處行動，也使他逐漸露跡，開始引起警方的留意。

據稱，他曾經是小坡大同地下彩券廠的老大，這個彩券廠是18私會黨派系「小義和」所操縱，「千面大盜」林萬霖是「小義和」分號老大，經常在吉真那路的賭窟一帶出現，因此傳聞兩人曾經交往。

不過，他聰明之處是很會收買手下的心，他曾經載手下到

喋血大老闆

裕廊一間廢置的鋅板屋，裡面設立了私會黨入會儀式的祭壇，他要手下歃血為盟，口口聲聲把他們視為兄弟：「有福同享，有禍同當！」他還要這些「兄弟」發誓，絕不透露黨內的祕密，也不能出賣兄弟。出賣兄弟者將萬刀穿心，死在自己兄弟刀下。

在儀式上，逐個用刀拍打「兄弟」的背，喝聲問道：「是刀硬，還是脖子硬？」

眾人得回答「脖子硬」，才能過關入黨。因此，當時黑道有個傳說，私會黨派系「三字」是由盧嶽鵬所創。

盧嶽鵬一度還是聯益大廈的註冊股東，這座大廈位於新世界飯店的所在處，飯店在1986年倒塌奪去33條無辜人命，而盧嶽鵬早已在飯店建好之前，死在警方槍下！

◆ 四

最初幾年，盧嶽鵬一幫人所綁架的都是普通商人。例如1958年10月14日，他在基里年路綁了姓鄭的商人，勒索了5萬元。1959年3月綁架姓羅的殷商，從他家人處要了8萬元贖金。他用這筆錢在劍橋路開了家雜貨店。

另一方面，盧嶽鵬既然已經向黑社會招兵買馬，建立了綁票集團，當然是要專選大富翁下手了。於是，他每天翻閱報紙，尤其是報導成功富商動態的工商新聞版，尋找下手的目標。

他要釣的第一條「大魚」是古董及百貨公司名富商董俊競。

1960年7月16日，一個風和日麗的下午，60歲的董俊競在他那棟豪華住宅的花園內散步，享受自由清幽的空氣時，盧嶽鵬和三個同黨忽然出現，用槍威脅董老上車，絕塵而去。

　　董老被幽禁四晝三夜後，無恙脫綁。家人付出的贖金，有傳聞是15萬元到32萬元。盧嶽鵬將錢分給手下後，開了兩家汽車貸款公司與一家水族店。

　　無論是15萬還是32萬元，在50年代來說，的確是筆令人咋舌的鉅款，這一票，算是大手筆，而且還助長了盧嶽鵬的氣焰，更加認為綁票是「賺大錢」的「最佳捷徑」了。

　　盧嶽鵬「綁風」之「順暢」，令他更加膽大橫行，目無法紀。

　　1961年，盧嶽鵬帶了幾個同黨，綁架了船務公司大亨鄭祺泰。由於同黨都是三教九流之輩，這次綁票竟然鬧出了人命。

　　原來，他的一個行事魯莽的同黨，在匪窟把風，看守鄭祺泰時，發生了爭執，開槍把鄭祺泰給殺害了。

　　鄭家家人不知道鄭祺泰已遭毒手，還依綁匪吩咐，付出了13萬元贖金，苦等痴候他回家，一直到五年之後，開槍綁匪落網，才揭發了盧嶽鵬這個綁票集團心狠毒辣的手段。

　　盧嶽鵬撕票殺人，雙手染滿鮮血，他所犯下的重罪已經不只是綁票，還加上了冷血謀殺。

　　他見同黨鬧出人命，唯恐驚動警方展開嚴密緝查，便暫時化整為零，解散手下，吩咐他們各自藏匿起來。

　　他這種出沒無常「打游擊」的方式，果然奏效，令掌握初步

喋血大老闆

線索的警方人員無法採取進一步的調查。

盧嶽鵬可說是夠有耐性的,深居簡出了兩年,1963年,他捲土重來,擄綁了一名金融公司的老闆,所勒索的贖金,有如獅子大開口,激增到40萬元。

40萬元得手後,以盧嶽鵬為首的綁票集團又一口氣犯下兩起綁票案。

他和同黨先綁了五金商人柯隆美,拿了換取自由身的30萬元贖金,接下來便在1964年2月,綁架了電影界名人邵維銘及其司機。

邵維銘及司機被盧嶽鵬禁錮了12天,家人付出了25萬元,把他們贖了。盧嶽鵬用贖金買了兩輛車,包括賓士。然後帶原配到臺灣旅行,之後又帶小老婆到檳城遊玩。

一連串的綁票大案,令獅城的富商大亨與社會聞人,個個提心吊膽,也使盧嶽鵬在黑社會的聲名大噪。

黑社會中人皆「尊稱」盧嶽鵬為「大老闆」,形容他是「綁票大王」。

黑幫人物與私會黨打手都躍躍欲試,蠢蠢欲動,都以能夠聽命於「大老闆」為榮。

在那個時候,盧嶽鵬可算是黑社會裡呼風喚雨的「教父」,巴結奉承他的三山五嶽人馬不少,眼紅妒忌他的敵對黨派分子也不乏其人。

盧嶽鵬自以為是,逐漸以「大老闆」自居,慢慢地狂妄自大

起來，他火爆的脾氣，更令綁票集團的一些小囉囉不滿，大家敢怒不敢言。

他原本將一個親弟弟安排入黨，目的是要他協助「監督」手下，提防黨內出現「內鬼」。但是，在一次綁票「會議」上，其弟持相反的意見，結果，兄弟鬧翻，翻臉成仇。他當面警告其弟，萬一說出黨內的祕密，他將不顧兄弟之情，殺他滅口！

對親弟弟尚且如此，對其他手下如何，可想而知。

他原本專門找一些「不怕死」的死硬黑道分子與私會黨徒，但因為脾氣之暴躁，好多死硬分子都開始不願受他擺布，因此，後期招募的，多是「散兵游勇」。

由於大家都是烏合之眾，盧嶽鵬又不善於領導與管束手下，他只顧自己吃喝玩樂，好幾個手下背著他私自提槍出外做案，他都懵然不知。

其中一個手下，持械搶劫時，落入警方手中。警方順藤摸瓜，連環突擊，這幾個手下見勢不妙，退出了綁票集團。

1964年開始，綁票集團內有人「出賣」情報給警方。情報雖然不夠具體，也不完全準確，但對警方在追查盧嶽鵬的身分這方面，卻是黑暗中初露的曙光，警方開始監視與追蹤盧嶽鵬。

膽大包天、詭計多端的盧嶽鵬豈是泛泛之輩，他數度巧施脫身之計，居然又讓他犯下一起轟動新馬兩地的綁票案。這回被綁的是富甲一方的慈善家黃桂楠。

1964年11月13日，黃桂楠與司機遭盧嶽鵬跟三個同黨用

喋血大老闆

槍威脅，他堅持不下車，當中一名歹徒竟然朝空開了兩槍，揚言如不服從，將開槍取他性命！

另一名歹徒則用槍柄猛擊黃桂楠的額頭，將他強拖下車，擄到匪車內，棄下嚇呆了的司機在路旁。

當晚，盧嶽鵬撥電到黃家，跟黃桂楠的弟弟談判贖金，這次，他竟然獅子大開口，要求100萬元。黃家表示只能付出3到5萬元，盧嶽鵬怒將電話掛上。

9天後，盧嶽鵬再度來電，雙方對贖金討價還價，匪方減至50萬元，黃家答應最多可以付15萬元。之後多次電話往來，最終以40萬元「成交」。

11月27日，黃桂楠安然獲釋。盧嶽鵬獨享14萬元，其他分給手下。

當時，為了確保肉票的安全，警方投鼠忌器，暫時撤除了追蹤盧嶽鵬的行動，改用緩兵之計，暗地裡部署更廣泛的偵訊行動。等到黃家付出了贖金，黃桂楠安全脫綁後，警方馬上發動攻勢，突擊盧嶽鵬的住宅、公司與商店。可惜，警方始終還是遲了一步，人去樓空，徒呼負負。

警方封鎖了海陸空重要出入口，但盧嶽鵬已經逃跑無蹤。

警方棋差一著，百密一疏的是：盧嶽鵬逃亡時，曾經被一輛警察巡邏車攔住問話，卻讓鎮定狡猾的他，編了一套謊言，趁警員沒留意時逃脫了。

唯一的收穫是：警方發動了代號「取締綁票」的掃蕩行動，

粉碎了盧嶽鵬為首的綁票集團，直搗「大本營」，活擒了盧嶽鵬三十多個手下。

不過，盧嶽鵬與三個死硬得力助手卻漏網逃走無蹤。

警方雖然捉不到盧嶽鵬這個「大老闆」，這次的雷厲行動卻重重打擊了黑社會組織的氣焰，阻止了多起嚴重罪案的發生，粉碎了多起案件的策劃部署。

綁票事件也因此沉寂了一段時日。

盧嶽鵬與三個手下，究竟逃去了哪裡？答案是：印尼的廖內島。

◆ 五

盧嶽鵬在廖內島擁有兩個捕魚的奎籠和一家雜貨店。他每次在風聲緊時，便由海路帶著小老婆潛回島上暫避風頭。他的五六個手下也先後逃到島上。

不過，他的手下對純樸的漁村並不感興趣，他們留戀的是丹絨檳榔島。這個有「女人村」之稱的小島是男人的天堂，是女人廉價出賣青春與肉體的地方。

盧嶽鵬的其中兩個手下最喜歡在丹絨檳榔豪賭、狂歡、玩女人。只有一個手下捨不得花錢。他就是在松林園伏誅的阿協。

阿協「存錢」的目的是買槍械，以便重返新加坡組黨另闖一番犯罪事業，但結果他還是法網難逃，返島送命。

喋血大老闆

　　時間在吃、喝、嫖、賭中飛逝，坐食山崩的時候終於到了。

　　除此之外，島上的印尼軍人，顯然是看出了盧嶽鵬這批人是因罪潛逃的亡命之徒，便計劃黑吃黑，決定向他們勒索「保護費」。

　　為免得罪地頭蛇，盧嶽鵬唯有靠奎籠的收入來繳付保護費，然而，收入畢竟有限，保得了自己，卻保不了手下。

　　印尼軍人並非善類，他們得寸進尺，需求越來越多，最後連盧嶽鵬也漸漸覺得窮於應付。

　　根據1985年《警察生活年刊》所引用的警察檔案指出，那個時候，正好是新加坡與印尼「對抗」的時期，印尼軍人向盧嶽鵬等一夥人提出了一項特別任務。

　　這項任務是：回到新加坡，在那裡的公共場所，放置炸彈，進行破壞，擾亂公共安全與治安。

　　形勢所逼，加上印尼軍方軟硬兼施，盧嶽鵬等人別無選擇。

　　印尼軍方則答應事成之後，供給盧嶽鵬一夥一批軍火，並且提供武器射擊的特別訓練。

　　想到軍火是做綁票案的最大「本錢」，盧嶽鵬精神為之一振，愈加無話可說了。

　　其實，印尼軍方亦是詭計多端之輩，他們怕「縱虎歸山」，先利用盧嶽鵬的兩個手下當「試金石」，吩咐他們兩人依照指示去做，等得手歸來後，才給他們軍火。

　　這兩個手下原本奉命把炸彈安置在新加坡島上兩家英軍俱

樂部外面,一家在美芝路,一家在首都戲院附近。由於守衛森嚴,兩徒膽怯,不敢貿然犯險,竟然轉移陣地。

1965年3月27日,兩徒在聖羅倫斯路的一條水管內放置了約50英鎊重的爆炸物與兩枚手榴彈,五天後又在小坡奧迪安戲院的停車場放置了炸彈,所幸這兩起爆炸案並沒有造成嚴重傷亡。

印尼軍方事後對盧嶽鵬這兩個手下的「表現」表示滿意,便把先前承諾的軍火給了盧嶽鵬一夥。

盧嶽鵬一夥因為有了這批軍火「壯膽」,登時如虎添翼,找了個機會,悄然潛返新加坡。上岸安定下來後,盧嶽鵬一夥又密謀綁票大計。這次的目標是「餅乾大王」李文龍。

盧嶽鵬帶著阿協等三人,埋伏在芽籠20巷路口,攔阻李文龍汽車的去路,想要把他擄綁而去。誰知,李文龍的車門已經反鎖。

阿協惱羞成怒,擊破車窗,伸手就要把李文龍強拉下車。

機警的李文龍非但沒有被嚇著,他激烈掙扎頑抗之外,還忽然閃電出手,勇奪阿協的槍。

最令盧嶽鵬與阿協等綁匪大感意外的是:李文龍為了自衛,也拔出一把槍來。

砰砰槍聲,子彈亂飛。李文龍的左手臂被流彈擊中,破皮流血。

盧嶽鵬與阿協功敗垂成,不敢戀棧,倉促逃跑。

這是盧嶽鵬綁票集團橫行多年來第一次受挫折。難道這是

喋血大老闆

不祥的預兆？還是厄運的開始？

警方從李文龍的口供中，確定盧嶽鵬與阿協已經回來，追緝行動更加緊密了，他們兩人都不敢再露臉。倒是盧嶽鵬的其他幾個手下，野性不改，仍然各自做他們的犯罪行動。

上得山多終遇虎。

1965年5月8日，追查爆炸案的警方人員接到線報，突擊錫光路一屋，逮捕了盧嶽鵬的一個手下，破獲手榴彈、手槍與槍彈以及兩萬元現金。這批現金的鈔票編號跟黃桂楠家人付出的贖金相符合。警方從這個嫌犯的身上，套取了不少寶貴的線索，並且依據線索，展開突擊。

一個專門為盧嶽鵬綁票集團製造軍火的嫌犯落網，警方起獲了五把土製手槍。移民廳也配合展開行動，設下埋伏，扣留了一個專載盧嶽鵬一夥偷渡去廖內島的船夫。由船夫所提供的線索中，警方又逮捕了盧嶽鵬綁票集團的兩個同黨。

至此，盧嶽鵬的綁票集團再度瓦解，名存實亡。其手下有的逃散，有的被捕，只剩領袖盧嶽鵬與副領袖阿協漏網。

血戰阿協的圍剿行動便是在那個時候展開的。

阿協最終被殲滅了，「白臉」在自己的手榴彈爆炸引發的烈焰中，燒得面目全非，罪惡的一生也化為灰燼。

整個綁票集團最後只有盧嶽鵬一個人在逃亡。神出鬼沒的他，去向不明。他到底去了哪裡？莫非又是故技重施，潛返廖內島？

◆ 六

花開花落，轉眼三年。

查探盧嶽鵬的工作並沒有隨著時間的飛逝而放鬆。

盧嶽鵬仍然是警方見到就捉的第一號通緝要犯。

綁票案雖然停寂了一段時日，警方卻相信盧嶽鵬的「銷聲匿跡」只是「按兵不動」的狡計。像盧嶽鵬這等頑強之輩，是絕對不會死心的，只要一有機會，他勢必老調重彈，東山再起，非搞得滿城風雨不可。

要來的始終避不開。

1968年9月。

代理賓士汽車行的蔡姓董事經理，險些在住家遭綁架。警方初步調查所得，懷疑是盧嶽鵬所做。

警方所料，果然沒錯。

錯的是盧嶽鵬錯用了一個手下，這人叫做阿傳。

阿傳本來對擄人綁票的興趣不大，他之所以跟隨盧嶽鵬，除了混飯吃，還以為可以做些走私的買賣。

當天，盧嶽鵬帶了幾個手下到蔡家，盧嶽鵬先叫阿傳上樓打聽事主的行蹤時，阿傳懶洋洋的，連看也沒看清楚，便奔下樓說找不到事主，結果驚動了蔡家，一夥人落荒而逃。

重出江湖，便遇挫折，難道是氣數已盡，末路在前？

盧嶽鵬可不信邪，他雖然很失望，但卻想起自己綁票生涯的

喋血大老闆

第一起「大生意」，一出手便順暢成功，那便是綁架了董俊競。

他竟然「迷信」董俊競會帶給他「好運」，便打算再綁架董俊競，以博個好彩頭。

這次，他向董夫人下手。

他暗中跟蹤董夫人，計劃在她前往巴剎買菜途中，把她綁走。不知是因為「休息」了三年未做綁票案，還是身手與行動生疏緩慢了，或是霉運當頭，盧嶽鵬前後四次企圖綁架董夫人，但都空手而回，心機白費。

董夫人不知何故，剛好那四次都沒有親自上巴剎買菜，而是由女傭代勞，乘了董家的專用汽車去買。

接二連三的失敗，使盧嶽鵬開始感到氣餒。他想：與其多花時間策劃綁票，倒不如到公路上去亂闖，見到穿著有派頭的人，馬上擄綁而去。然後聯絡目標的家人，談判贖金，威脅對方立刻付款，換取自由身。

就在某一天的夜裡，盧嶽鵬與手下在一家夜總會外等候，攔截了一名姓林的金融商人及其朋友，連人帶車綁走後，向他們的家屬勒取贖金。

林姓金融商人表示身上沒有帶那麼多現金，討價還價的結果，由家屬付了一小筆款項，安全獲釋。

盧嶽鵬釋放了肉票，覺得蠻不是味道，因為，鋌而走險，卻「賺」不多，非常不划算。

他決定還是向富商下手。

1968年11月，他綁架了企業家何瑤琨的三名女眷，勒索了5萬元贖金。這筆數目跟盧嶽鵬綁票最「鼎盛」時期的數十萬元相比，差距的確太遠了。

　　盧嶽鵬雖然滿肚子的不高興，可是，他那夥人似乎已經窮途末路了。沒大魚釣，小蝦也好，因為，他們已經沒有更好的選擇了。

　　這次也是盧嶽鵬一生中所犯下的最後一次綁票案！

　　早從1967年起，接手追查盧嶽鵬行蹤的警探是以冷靜鎮定見稱的吳永鴻，他後來升至警察總監，當時只是副警監，主管刑事偵查局特別罪案調查組。

　　吳永鴻副警監廣布眼線，明查暗訪，可是，還是一籌莫展。

　　1968年11月，他從時任代助理警察總監王建忠那裡獲得了一個重要的情報。這個情報透露：有個無業漢在夜總會花天酒地，揮霍金錢，那些錢跟花錢的人，身分很不相配。

　　吳永鴻副警監依據情報，在11月9日，採取迅雷不及掩耳的行動，閃電扣留了這個人。

　　這個人原來便是盧嶽鵬的手下阿傅。他向警方招認，之前從綁架何家女眷一案中，盧嶽鵬分了4,000元給他。

　　經過盤問，警方掌握了寶貴的線索與情報。

　　原來，三年前，阿協被警方擊斃後，盧嶽鵬果然又潛返廖內島。在藏匿廖內島期間，盧嶽鵬結識了島上黑社會的老大，那人外號叫「大張」，兩人狼狽為奸，在島上橫行。

喋血大老闆

　　大張後來弄來一批軍火，盧嶽鵬見做案的「本錢」有了著落，便又興起大做綁票勾當的念頭。

　　大張在新加坡沒有案底，是盧嶽鵬心目中最適合的人選，兩人便由廖內島偷渡回新加坡，重整旗鼓。

　　盧嶽鵬物色了楊厝港聖海莉爾道一棟獨立式洋樓當「大本營」，接著，到處招兵買馬，另起爐灶。

　　由於所招募的都是「散兵游勇」，盧嶽鵬決定訓練他們，時常召集他們來洋樓「受訓」。

　　另一方面，為了日常開銷，盧嶽鵬只好拋頭露面，再做綁票案。策劃綁架蔡姓車商、董夫人、林姓金融商與何瑤琨女眷等幾起案件，便是盧嶽鵬一邊加緊訓練手下，一邊向外「籌錢」的這段時期做下的。

　　「綁風」後來進行得不太順利，使盧嶽鵬懊惱萬分，竟然遷怒於緊密調查他行蹤的警務人員。他甚至下了決心，要訓練好手下使用軍火與槍械，除了大做綁票等罪案外，他還萌起了另一個重大的「陰謀」……

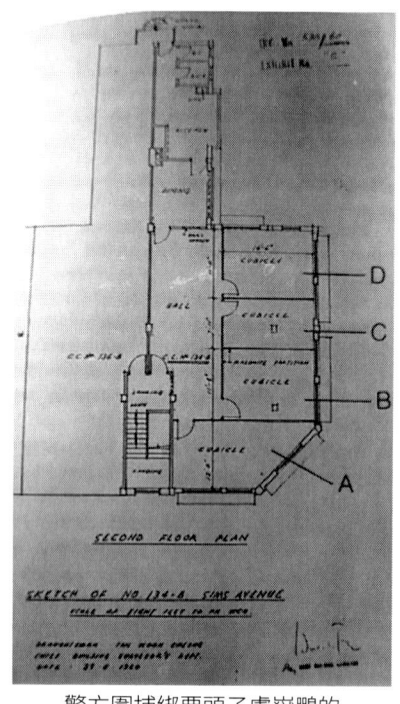

警方圍捕綁票頭子盧嶽鵬的匪窟地形圖

◆ 七

1968 年 11 月 10 日。

盧嶽鵬的「大本營」已經被便衣警探與制服警察重重包圍了。警方不敢掉以輕心，探知「大本營」內軍火設備齊全，警隊菁英幾乎全出動，動員了 300 人，如臨大敵，比圍剿阿協與突擊胡金枝時的警力更多更強。

警方接到的可靠線報顯示，盧嶽鵬肯定是在洋樓內，這一次，警方絕不能再讓他逃脫，誓要將他擒捕歸案。

圍剿的警方隊伍分五路包圍。

吳永鴻副警監帶領的是精銳的先鋒部隊，負責勸降與突擊。

辜加警察埋伏在洋樓右方，負責在必要時，開火掩護先鋒部隊。

納德南警長帶一批警員埋伏在洋樓後方的欄杆，以防綁匪從屋後逃跑，負責封死綁匪出口，追擊綁匪。

王賢德警長藏身在洋樓前方的水溝裡，手持機關槍，負責配合先鋒部隊，掃射奪門從前門逃跑的綁匪。

最後一線是鎮暴警員，負責封鎖現場，不讓閒雜人等出入，以免槍彈無情，傷及無辜。與此同時，他們還要隨時支援其他四路的「伏兵」。

洋樓內一片沉寂，樓中人想必好夢正甜。

洋樓外草木皆兵，氣氛緊張。

喋血大老闆

清晨 5 時,天尚未全亮。

那是最好的攻堅時刻。

吳永鴻副警監指示黃警曹用潮州話,透過擴音機命令盧嶽鵬放下武器,舉手投降。

同樣的話,重複了三次,在空中迴響。

洋樓大鐵門依然深鎖,裡面仍舊是一片死寂,全無回應。

莫非線報有誤,屋內沒人?還是綁匪已經聞風先逃?

45 分鐘後,吳永鴻副警監看見有三個華人男子走到洋樓外的大門處,神色慌張地東張西望一番後,轉頭奔返屋內。

黃警曹奉令作第四次廣播:

「盧嶽鵬,我們知道你在屋內,快放下⋯⋯」

話猶未畢,砰的一聲槍響響起,子彈快如閃電,擊中一名警員哈申,其他警探見狀,連忙四處散開。

這時,機關槍的掃射聲由洋樓大門邊傳出,一聲慘呼,埋伏在吳永鴻副警監旁邊的艾傑助理警監右膝也中了一槍,血流不止。

吳永鴻副警監揮手指示三名探員扶救艾傑助理警監後,自己則帶領一隊警員,透過電車公司的車廠,直抵盧嶽鵬「大本營」後面另一棟洋樓的高處,居高臨下,可以清楚地看到匪窟內的情形。

吳永鴻副警監正在盤算如何發動攻勢時,又是一陣彈雨紛飛,洋樓後方欄杆埋伏的第三路人馬傳出痛苦的呼叫,藏身洋

樓前水溝的第四路伏兵處,也傳來高喊撤退之聲。

原來,站在納德南警長旁邊的一名周姓警員,閃避不及,中槍受傷,他飛快地滾地避開連串的槍彈。

王賢德警長則在埋伏在水溝觀察時,忽然見到一枚手榴彈由洋樓內丟擲,他大聲呼叫同僚閃避,自己也朝楊厝港路的方向緊急撤退。

手榴彈在五公尺外停了下來但並未爆開,可是,一名姓卓的鎮暴警員卻被槍彈射中頭部,王賢德警長急忙與同僚送他到醫院,然後,返回現場協助。

目睹盧嶽鵬瘋狂掃射,四名手下受了傷,吳永鴻副警監大為震怒,決定不讓盧嶽鵬有逃跑的機會,便一聲令下,吩咐投放催淚彈,並且用機關槍朝匪窟掃射。

一場警匪喋血戰便這樣進入了高潮。

這一戰會比浴血阿協更慘烈?

◆ 八

警方大圍捕時,洋樓內有三個人。

一個躺在床上,做著酣夢。

兩個伏在窗前,觀察屋前的形勢與轉變。

濃眉大眼的正是盧嶽鵬,他的手上拿著機關槍。

個子魁梧的是大張,手上緊握著一把短槍。

喋血大老闆

　　床上睡著的那個人也姓張,名叫阿邱,他是被槍聲驚醒的。睜開惺忪的睡眼,他看見盧嶽鵬與大張戰戰兢兢的神態,知道事情不妙。

　　阿邱跟盧嶽鵬以及大張慌忙跑出大門觀望了一陣,見到那麼多的警方人員重重包圍,更是心寒。

　　他被盧嶽鵬拉回屋內後,第一個念頭便是跑出門外投降。

　　正當他要往門外跨步時,大張粗暴地把他拉了回來。

　　「豈有此理,你竟想背叛我們逃命!」大張厲聲喝道。

　　阿邱全身瑟瑟發抖。

　　「我們已經被包圍了,不如投降吧……」

　　「廢話!」

　　砰砰砰……

　　一連串的槍聲打斷了阿邱的談話。

　　原來,盧嶽鵬已朝窗外放槍,大張也跟著開火。緊接著是密集的槍聲,槍彈四飛,顯然警匪雙方已經展開激烈的槍戰。

　　阿邱嚇得跪跌在地上,跟著趁勢伏下,動也不敢動。呼嘯的子彈由他頭頂和身旁如流星疾飛而過,他連大氣也不敢透,冷汗已溼透了他的衣服。

　　警匪交戰延續了30分鐘,阿邱已經魂不附體,恍如隔世,他內心暗中向老天爺禱告,期望槍戰越快結束越好。

　　「老天爺啊,保佑,保佑……」

　　一聲慘叫響起,阿邱見大張中槍倒地,鮮血染透胸前的衣

服。就在阿邱驚愕未定，抬頭想看個究竟時，身邊響起了盧嶽鵬沉重的呼吸。

「大張被警察開槍打死了！」

這個橫行一時的綁票領袖竟然嘆了一口氣。

「求求你，盧大老闆，放我一條生路，讓我出去……投降吧！」阿邱顫聲一字一字地說，好不容易才說完這句話。

盧嶽鵬沉思不語，臉色陰晴不定。

「求求你，盧大老闆，我還不想死……求你……」半跪在地上，雙手合十抖動著，阿邱露出哀求的眼光，淚水已奪眶紛落。

「不行！你要是敢跟我踏出大門半步，看我要你的狗命！」盧嶽鵬把心一橫，滿臉陰沉，怒聲喊道。

阿邱聞言，全身一軟，又撲跌在地上……

盧嶽鵬像是一頭瘋牛，一手用機關槍朝窗外胡亂掃射，一手接連丟擲了好幾個手榴彈。

奇怪的是：他丟擲去的手榴彈著地後，並沒有爆開；這倒令他飽受虛驚，慌忙撤退的其中一路警方人員，也一樣百思不得其解。莫非是手榴彈「失靈」？還是注定盧嶽鵬劫數難逃，霉運當頭，連手榴彈也拋不響炸不開？

盧嶽鵬呆望著墜地沒爆炸的手榴彈，面露迷惑之色，低嘆了數聲，喃喃自語：「唉，罷了，罷了！」

他頹然地靠著牆角，讓身體順勢滑了下去，變成了坐姿，但手上還是緊提著機關槍。

喋血大老闆

阿邱的心跳得好厲害,他使盡了氣力,再度跪在盧嶽鵬的面前。

「求……」

盧嶽鵬伸手阻止他說話。

阿邱的心如重鉛往下沉,這次可真的完蛋了。

旁邊伸了一根棍子過來。是盧嶽鵬拿給他的。

「綁上白布,出去投降吧!」

「大老闆,你呢?」

驚喜交集的阿邱抖著手接過了木棍,顫聲問道。

「你別管那麼多,你害怕便快滾吧!我誓跟警方搏命,不是他們死,便是我亡!」

盧嶽鵬別過了頭,望也不望阿邱一眼,又把機關槍瞄準了屋外掃射。

阿邱慌忙由床邊拿了一條白色的短褲,套在木棍上,先由視窗伸出,搖動了一陣後,鼓足勇氣大喊:「不要開槍了,我要出來投降了!」

槍聲果然停了下來。

阿邱連忙跨了出去。他可以說是從鬼門關跨了出去。

洋樓內只剩下盧嶽鵬在作困獸之鬥。

阿邱爬過籬笆的鐵絲網後,雙手被扣上手銬,雙眼則被催淚彈的煙霧燻得淚水直流。

吳永鴻副警監從阿邱口中,確定了洋樓內只剩下誓死不降

的盧嶽鵬後，便向上司彙報，要求發動最後的攻勢——深入虎穴，直搗匪窟。

參加圍剿的五路人馬，很快得到了警方最高層的批准，由五個方向迅速朝洋樓靠攏。

這次是由鐵面無私、英勇驍戰的約30名辜加警察「開路」，先射出一排煙霧滾滾的催淚彈。

在連環槍聲中，一名辜加警察阿都拉飛快衝入煙陣，由慢慢開啟的窗口，瞧見盧嶽鵬正朝著窗外開槍。

雙方展開交戰，五分鐘過後，阿都拉趁著「戰火」暫歇，催淚彈煙霧消散的那一剎那，掌握了時機，朝盧嶽鵬連發三槍。

其中一枚子彈從盧嶽鵬的右太陽穴穿入，頭頂透出，鮮血由頭部噴湧，盧嶽鵬倒在臥室內，面對房門，氣若游絲，一手還拿著機關槍，另一手緊握著手槍！

惡戰總算結束了，圍剿行動的警方人員衝入了彈孔累累的洋樓，一些床墊和枕頭也被催淚彈濺及，開始著火燃燒。

警方人員搜查的結果，發現四枚手榴彈，安全針都已經拔開，但卻沒有爆發。其中一枚拋在靠近鐵門處的草地上，一枚在鐵門左方，還有一枚在後房的床底下。

警方所搜獲的軍火與槍械包括：一把手提機關槍、兩把自動手槍及一把左輪，還有散布在走廊、樓梯及房間各處，尚未使用過的子彈，總共626枚。

警方也在盧嶽鵬身上搜到1萬5250元現金。大張的屍體則

倒在大廳內。

最令警方震驚的是：他們找到 100 多張剪報，還有兩張黑名單，一張寫了幾名大富翁的名字，另一張是近 10 名高級警官、線人以及仇家的名字。名單旁邊還寫了短短幾行字：要在三個月內「賺」10 到 20 萬元，並且在賺夠 150 萬元後返回印尼。

很明顯的，大富翁的名單應該是盧嶽鵬綁票集團計劃下手的目標。警官與線人名單則相信是他企圖「暗殺」的對象。盧嶽鵬積極進行武器訓練的另一個大陰謀原來就是：暗殺警官！

奄奄一息，渾身是血的盧嶽鵬已拖出洋樓外。

驕陽高照，圍睹槍戰的人群已散開，盧嶽鵬也嚥下了最後一口氣。

他永遠再也見不著嬌豔的陽光了。

像胡金枝、阿協以及其他作姦犯科的罪犯一樣，盧嶽鵬用生命的鮮血來洗清他的罪惡！

單槍奪匪命

時間：1971 年 10 月 10 日。

地點：香格里拉大飯店停車場。

暗伏危機，步步驚心。

勇探伍煥坡喬裝電影業鉅子邵氏的家人，等待綁匪來索取「贖金」。跟以往圍剿行動不同的是：這回是單槍對決，面對面，膽鬥膽，命搏命。

這一仗豈非更緊張、刺激、凶險？

單槍奪匪命

　　五星級的大飯店內，衣香鬢影，熱鬧非常。

　　飯店外，看似平靜，暗伏危機，步步驚心。

　　有誰又會知道，一場警匪喋血，便在飯店停車場展開。

　　跟以往的圍剿行動不同的是：這回是單槍對決，面對面，命搏命。

　　警匪比的是誰的槍快、誰的槍準、誰的膽更大。

　　比起圍捕，這一仗豈非更緊張、刺激、凶險？

◆ 一

　　1971 年 10 月 9 日。警察部隊射靶場。

　　砰……

　　槍管對準目標，子彈直飛，正中紅心。

　　推了推黑框眼鏡，帶著福相的圓臉上，掛著滿足的笑。玻璃鏡片後的目光如炬，說不出的敏捷機警。

　　他移動矮胖的身子，上膛練習反手槍法……

　　他吁了一口氣，畢竟一年多沒練槍了，握槍的感覺蠻好，槍法並未生疏。

　　他一共開了 50 槍。

　　幾下掌聲從背後傳來。

　　靠近射靶場大門，站著多名健壯的男子，當中一人是刑事偵查局局長王建忠助理警察總監。

他解下了「防聾」耳罩,向那幾個男子敬了個禮。

「伍煥坡,待會的行動應該有十足把握吧?」

伍煥坡就是方才全神貫注練槍的那位代助理警監,他的槍法在警隊名列前茅,曾經在多個警隊單位,包括內部安全局服務過,不久前調來警察學院當教官。

他想起幾天前,他在學院圖書館翻閱書本時,幾個警方「大頭」來到,要他到刑偵局報到。他當時暗忖:刑偵局來借將,莫非是發生了重大的罪案?

第二天,特別罪案調查組主任張明山副警監揭開了謎底——他們要伍煥坡代助理警監協助偵查一起因綁票不遂引起的勒索案。險些被綁的是社會名流邵維鍾,他是影業界鉅子邵逸夫的次公子。

邵家是香港與新加坡知名的鉅富,不法之徒向邵家打主意已不是第一次。

邵家大公子,也就是邵維鐘的兄長邵維銘曾經在1964年被五個歹徒綁走,陷身匪窟12天,據傳邵家以25萬元贖回他的自由身。五名歹徒之後全落網,判處無期徒刑。

邵維鍾畢業於英國劍橋大學法律系,精明能幹,當時是在邵氏機構擔任董事兼發行部主管。

他被綁的過程,相當戲劇化。

那是1971年10月2日傍晚的事情了。

邵維鍾跟一名保鏢同乘乳白色的賓士汽車,由武吉知馬賽

單槍奪匪命

馬場回家，開車的是馬來司機伊斯邁。

車抵電視臺附近的安德烈路豪華洋樓之前，一輛計程車尾隨其後。

四個男子跳下車，三個持短槍，分別指著邵維鍾主僕三人，喝令他們勿輕舉妄動。

邵維鍾見狀，知情不妙，身形一矮，準備往旁邊的草叢處逃跑，一匪卻惡向膽邊生，一連開了兩槍。

一槍射向了天空，另一槍的流彈打傷了邵維鐘的右肩。

馬來司機與保鏢被這一幕嚇得目瞪口呆，驚魂未定，其中兩名歹徒已迅速挾持右肩還在流血的邵維鍾，登上了計程車，絕塵而去。

綁匪所開的計程車來到兩公里之外的謙福路之後，綁匪棄置不用，換了另一輛白色的奧斯汀110型汽車。

綁匪在換車轉移警方偵查目標的當下，為免警方在設路障檢查來往車子時發現邵維鍾，便把邵維鍾放入車後面的行李箱內。

可是，當匪車沿著羅尼路在麥里芝蓄水池前面放慢速度時，邵維鍾竟然神不知鬼不覺地自行開啟行李箱，跳車逃跑，掙脫了魔掌。

邵維鍾如此「輕易」脫綁，是他機智過人？還是綁匪百密一疏？或是另有內情？頗教人費猜疑！

沒想到，正當邵維鍾在私家醫院療傷的第三天，邵家接到

了綁匪的勒索電話，對方開口要20萬元，而且還警告邵家要是不依言照辦，便會對邵家家人不利。

綁匪通常都是肉票在手，才要求贖金，錢到手後放人。

這夥綁匪卻在綁人不成之後，還強要「賠償費」，可也真是明目張膽，目無法紀。

警方接到報案後，大表震怒，部署了追查匪蹤的行動，可惜，只查到電話是大巴窯區一個公共電話亭撥來的。

除此之外，警方依照偵查綁票案的慣例，成立了專案小組，廣布眼線，並且翻查綁票案與勒索案底的慣犯。

這「四人集團」到底是些什麼人？

♦ 二

警方在策劃「布網擒匪」的行動時，考慮到此案最重要的角色——邵家家人，要找誰來「喬裝」？因為，綁匪指定只允許一名邵家家人「赴約」。

在多番討論人選之後，刑事偵查局高層選中了伍煥坡代助理警監。選他的原因有二：

他長得一臉福相，模樣與個子有點像38歲的邵維銘，而且彬彬有禮，不像是對付歹徒的粗獷警探。況且，他在警察學院與其他內部單位多時，未曾露面與刑事犯周旋，是黑道不法之徒「陌生」的面孔。

單槍奪匪命

最主要的是,他是神槍手,萬一事起變故,生死一線之際,可以扭轉或控制場面。綁匪通常都是真槍實彈,抱著破釜沉舟或是背水一戰的心理而來。因為,交「賠償金」是「短兵相接」的險招,應變爭分奪秒,的確是禍福未卜,安危難料的重大任務與嚴峻挑戰!

為了要裝扮像有錢人,警方安排伍煥坡代助理警監住進了邵家豪宅,讓他「熟悉」富貴人家的起居生活,而那個時候,邵氏兄弟一個飛去香港,一個飛去歐洲度假去了。

伍煥坡代助理警監在邵家,過了四天「富翁」的生活,他最終還要以邵家家人的「身分」,跟綁匪鬥智,談判「賠償金」。

綁匪最初要求20萬元,多番討價還價,減至12萬元,最後一個電話是在10月9日打來,綁匪終於答應以10萬元「成交」。

「付款時間是10月10日下午4時,地點是香格里拉大飯店停車場。」

綁匪還這麼交代:只允許一個人來,把錢放入「南唐餅家」的紙袋內,出示的信物是:邵維鐘的一副望遠鏡。

這副望遠鏡是邵維鐘到馬場觀馬時所用,他在脫綁時遺留在車內。

10月10日,正是星期天,陽光顯得特別嫵媚。

在馬里士他路一間屋內,一大早,他便對酒當歌,一邊喝起威士忌,一邊哼起歌來。因為,他曾經向黑道的朋友誇下大口。

「幾個小時過後，我便會有 10 萬元到手，到時，我可夠威風了，那些傢伙哪裡還敢看輕我！」

說話的是個 30 歲左右，濃眉大眼的男子。

10 萬元，在 60 年代初期可是不小的數目。

在獄中與黑社會受盡白眼的他，想起自己的「傑作」，越想越得意，拿起了酒瓶猛灌。

「反正有錢後可以慢慢享受醇酒美人，還是保持清醒的頭腦，待會慢慢數鈔票。」

他看看腕錶，啊，已經是下午 2 時，時間過得真快。

◆ 三

付款前夕。

香格里拉大飯店停車場內，一個矮胖的人影，在多個角落「移形換位」，動作敏捷俐落。

忽然，他倚在牆角沉思，掏出一本筆記簿，揮筆勾畫停車場的地形與周圍的建築。

微弱的街燈照射下，那張福相十足的臉，如今卻皺起了雙眉。

他，就是喬裝邵維銘，準備跟綁匪「打交道」的伍煥坡代助理警監。

對著筆記上的圖形看了一陣，他走回汽車旁，開啟了車門，然後，又飛快地由車座彈跳起來，閃到車身旁。

單槍奪匪命

接著,他又急轉到車後,半蹲著身子,作拔槍狀……

最後,他靠在車後行李箱旁邊,豆大的汗水已經沿頰流下,他吁一口大氣,緊皺的雙眉已舒解。

腦海裡還浮現昨日專案小組做出的四個假定狀況:

一:綁匪可能有七到八人,分乘兩輛匪車而來;一輛接款,一輛掩護,可能會把交款人一起綁走。

二:綁匪單槍赴約。

三:託人收款。

四:綁匪可能會把伍煥坡代助理警監當人質,逼他上匪車,在車內交款後,才半途趕他下車。

除了第三個假定,其他的狀況,都可能觸發槍戰。

對方要是單槍赴約,伍煥坡代助理警監也絕對有百分百的信心,應付自如,勝任有餘。

可是,要是對方來了七八個人,那可得大費周章,萬一引起槍戰,伍煥坡代助理警監也只有放手一搏,力求突圍了。

出發之前,他對他的同僚說:「如果對方人多,你們儘管出擊,不必顧慮我,我會照顧自己。若是只有一人,那留給我應對好了。我非常有信心,也很有把握可以制服對方。」

當然,專案小組是絕對不會讓他孤軍作戰,隻身犯險的。高層已部署了伏兵支援。

無論如何,做足準備工夫,總會加強自信心。熟悉與了解地形,或許可以占點地利的優勢,伍煥坡代助理警監摸熟現場

的努力並沒白費,對於進退及一旦槍戰可以當著掩護的地點,他都了然心中。

下來最重要的是:回射靶場練槍。

因為,那畢竟是生死存亡的一刻。

一生之中,或許等的就是這一刻!

◆ 四

10月10日上午。

刑事偵查局高層會議,敲定了「布網擒匪」行動的最後細節。

共有45名專案警員參與,當中27名警官與18名探員奉令在飯店內外埋伏。兩隊鎮暴紅車分別在烏節警署與女皇鎮總部候命,隨時支援。

下午2時,行動開始,香格里拉大飯店一帶,草木皆兵。

飯店內,正在舉行一場繽紛熱鬧的時裝表演,衣香鬢影,彩聲滿堂,沒人知道,一場緊張刺激的槍戰即將在飯店外上演。

飯店9樓一客房,充當臨時指揮中心。西裝筆挺的王建忠助理警察總監擔任總指揮,由特別罪案調查組主任張明山警監協助,還有一名代副警監與兩名警長。

其他警官與探員,分別喬裝飯店服務生、經理、飯店保全、停車場管理員、代客停車員、清潔工人與園丁等,飯店對面一間別墅內,也暗伏了多名探員。

單槍奪匪命

將近下午 4 時。一輛白色的賓士停放在飯店面前,車牌 S44,正是邵維銘的專用車。車內有三人,包括伍煥坡代助理警監與兩名探員。

伍煥坡代助理警監依照綁匪的吩咐,帶了個「南唐餅家」的紙袋,袋裡的「賠償金」則以兩本書代替。他還帶了一樣相信綁匪連做夢也想不到的東西 —— 一把裝有六枚子彈的 0.38 口徑左輪。

在出發之前,他在射靶場練槍,連開 50 槍,彈彈中紅心,他如今胸有成竹,精神飽滿,準備一擊中的。

他把車停在第 22 號車位,緩步走下。

一輛計程車這時開了過來,一名戴著墨鏡與安全帽、提著紙袋的男子下了車,走近他身旁,沉聲喝令:「快坐回賓士車內!你是邵氏的什麼人?」

伍煥坡代助理警監故意充耳不聞,藉此打量四周的環境,發現對方只有一人,並沒同黨接應。

他暗中吸了一口氣,心想對方未免太明目張膽了,居然敢單槍匹馬應約。他也同時提高了戒備,因為,對方顯然是有備而來。

男子這時以福建話喊道:「錢拿來!」

伍煥坡代助理警監面不改色,淡然冷靜的反問對方:「你憑什麼證明你是來收錢的?」

男子從紙袋裡,拿出望遠鏡。

伍煥坡代助理警監故作不知，再度追問：「我怎麼知道這副望遠鏡就是我家裡人的？」

這是個恰到好處的問題，但卻激怒了男子，他急躁地催促：「別說那麼多廢話，快拿錢出來！」

在施緩兵之計的伍煥坡代助理警監慢條斯理的「哦」了一聲，男子見他好整以暇、氣定神閒的神態，心中起了疑心：對方這麼鎮定，膽子也不小，糟了⋯⋯會不會是警方人員？

想到這裡，男子突冒冷汗，從腰間閃電拔出一把槍。

然而，他這次面對的並不是一般的警方人員，而是萬中選一的神槍手伍煥坡代助理警監！

砰！

快鬥快的結果，子彈直射男子的臉部，鮮血披面的他，倒退了幾步，竟然還緊握著槍做困獸之鬥，瞄準伍煥坡代助理警監發射。

這時，車旁撲出穿著服務生制服的查斯旺星高級警長，來了一招空手奪槍，兩人糾纏了起來。

一聲吆喝，查斯旺星高級警長連退三步，中槍的男子仍然十分頑強彪悍，又把槍管對準他。

砰、砰、砰⋯⋯一連三槍。

一槍是由假扮園丁的蔡述明探員所開，兩槍是由負責調查此案的王賢德助理警監所開。

王賢德助理警監當時是跟一名探員在車內埋伏，停車的位

單槍奪匪命

置剛好對準伍煥坡代助理警監。他的任務是監督綁匪的一舉一動，以及掩護伍煥坡代助理警監。

男子最終中槍倒了下來，他的頭、臉、腹與大腿都是血，他不斷掙扎呻吟。蔡述明探員上前拿走男子的槍。

伍煥坡代助理警監也走了過來，拾起了男子掉落的紙袋，裡面除了望遠鏡，竟還暗藏另一把 0.38 口徑的左輪，裡面尚有六枚子彈。

男子原來是個雙槍綁匪！

要是綁匪一開始從紙袋裡拿出來的是這把槍而不是望遠鏡，並且馬上拉動扳機……那將是個怎麼樣的後果？

想到這裡，原本信心滿滿的伍煥坡代助理警監不禁暗叫僥倖，衣背已經溼透，因為，他為了行動上的方便，拒絕穿上防彈衣！

這場以命搏命的血戰，間不容髮，爭分奪秒，勝得好險！

生死攸關的血戰收場，速戰速決，飯店滿堂嘉賓，懵然不知，未被驚動，還在為時裝模特兒的精彩表演猛拍手掌呢！

◆ 五

中槍的綁匪名叫蘇丁發，31 歲，又名阿木，家住淡申路一鄉村內。他的母親與兩名兄長在二戰時被軍機炸死，他在 13 歲時開始叛逆，19 歲父親去世後，他更是離家謀生，浪蕩江湖。

他是108私會黨「海陸山」派系的打手,活躍於淡申路一帶。他有四項案底,包括三項持槍搶劫案與一起勒索案。他曾經被判處五年有期徒刑與六下鞭刑。

　　坐牢時,他被囚犯「欺負」,笑他做不了什麼「大事」。出獄後,為了「出一口氣」,他召集了三個不法之徒,準備做綁票案,誰知,綁架失手轉而勒索,結果卻中了埋伏。

　　他在香格里拉大飯店停車場陷入警方圈套開火時,中了三彈。

　　一彈從左耳上端透入頭顱內,再從右耳附近穿出。

　　一彈從右腹射入,留在體內。

　　最後一彈擊中右腿,流至左腹盤骨一帶。

　　他在送入中央醫院時,還沒立刻斷氣。醫生要他簽下動手術的同意書,以便救他一命。

　　警方專案小組也希望保住他的性命,以便追查綁票黨同夥的下落。

　　然而,這個頑強的雙槍綁匪卻堅持一人做事一人當,他但求一死。

　　他的四哥含淚勸他簽字。

　　他連連搖頭低嘆:「算了,我不要使家人受連累。活著的時候,沒給家裡帶來什麼⋯⋯現在,我也不想你們破費,我的死意已決,這樣也可以替你們省下一筆律師費⋯⋯」

　　言畢,他緩緩閉上了雙眼。

單槍奪匪命

半晌,他又睜開雙眼,精光突射:「四哥,我有個要好的女友,請你……」

望了望旁邊的便衣警探,他欲言又止,長嘆一聲,又合上了眼睛。

呼吸停頓,眼角有淚。

是悔疚?還是痛苦?

警方在他斃命後,在他的老家搜獲第三把槍以及一些檔案。

至於滅匪建功的伍煥坡代助理警監,之後獲頒英勇獎章。他出生於怡保,早在40年代便加入了馬來亞的警察森林野戰部隊,與武裝叛亂分子周旋作戰,因此對軍火槍械十分熟悉,而且渾身是膽。

後來,當時屬於英國殖民地的新加坡警察部隊應徵人手,他便應徵前來新加坡警隊。他精通多種語文,曾經調往警方公共關係室當警方發言人,前後三年,由於他親切近人,富正義感,跟新聞業關係很好。

他在1974年退休後,在本地一家大銀行保全部門任職,為業界編寫了很有參考價值的銀行保全手冊,他在2011年病逝,享年80歲。

「十分」生死戰

　　1974年6月6日，這一天，對虎探安東尼來說，並非六六大順的一天。

　　這一天，10分鐘的生死徘徊，他簡直是從鬼門關拾回一條命。

　　這一天，他為警方立了一個大功，為民眾除了一個「大害」。

　　這一天，他開槍誅殺了一個通緝要犯「蜈蚣」，牽扯出一起案中案。

「十分」生死戰

1974 年 6 月 7 日。

「歹徒發難　警探求饒」

本地一份英文午報的標題引起了警方的關注，特地召開了記者會。

陪同警方發言人出席記者會的是個裝扮像「阿飛」的探曹。

他名叫劉文英，洋名安東尼。他的裝扮，是 50 年代時髦年輕男子流行的裝扮 —— 油亮的捲髮，往後梳得高高的「飛機頭」，窄管牛仔褲，金邊黑眼鏡。

當時，刑事偵查局有個專門取締私會黨的「偽裝阿飛組」，任務是混入黑社會當「臥底」，組內的成員，幾乎都是這樣的裝扮。劉文英探曹當時在刑偵局私會黨取締處的華人幫派調查組任職。他與另一名警探林亞順是警界數一數二的私會黨專家，對洪門組織與私會黨派系，瞭如指掌，如數家珍。

在新聞報導出版的前一天，即 6 月 6 日，是劉文英探曹畢生難忘的一天。

這一天，10 分鐘的生死徘徊，他簡直是從鬼門關拾回一條命。

這一天，他為警方立了一個大功，為民眾除了一個「大害」。

這一天，他開槍誅殺了一個通緝要犯「蜈蚣」。

那麼，報章報導怎麼如此「負面」，還說他向歹徒「求饒」？

真相又是如何？

且聽筆者慢慢道來⋯⋯

一

1974 年，6 月 6 日上午 10 時。

劉文英探曹正想出門，上司忽然喊住了他。

原來是一起勒索案。

地點是阿歷山大路一間金融貸款公司。

報案人是公司 25 歲的黃姓女經理。

當天上午 9 時 20 分，兩名歹徒直闖公司二樓辦公室，點名要找她。當中一名歹徒用槍恐嚇她，最初向她勒索 3,000 元。

她沒答應，對方竟改口要一萬元。

這名歹徒說，他要搶劫一家珠寶行，需要一筆現金購買六顆手榴彈與兩把手槍。

歹徒還自稱坐過七年牢，什麼也不怕，而且掏出一把槍，開啟了槍膛，露出了兩枚子彈。

這時，公司女接待員在樓下喊女經理聽個電話。

女經理望了下歹徒，他點頭准她下樓。

她乘機趕快寫了張便條，塞給接待員，叫對方趕快報警。

之後，她聲稱公司剛開門營業，沒那麼多現金，問兩歹徒是否可以通融，收少一些。

持槍歹徒臉色一黑，正要舉起手槍。

女經理見情勢危急，改口答應會到銀行提款。

「給我一點時間準備，求求你。」

「十分」生死戰

「好,我跟你一道去。」

女經理開車載兩歹徒到烏節路邵氏大廈一間銀行,簽發了一張支票,準備兌換現金,但一時無法辦好手續。

一歹徒先行離開,持槍歹徒仍不死心。

「別搞花樣,老子最多能夠等到中午 12 點,到時來收錢,一分也不能少。嘿嘿,要是不如言照辦,一粒子彈給你吃,另一粒老子自己吞下去!」

歹徒凶巴巴的留下話後,轉身跑了。

◆ 二

當天上午 10 時 30 分。

警方接到報案,指示把此案交由私會黨取締處負責調查,劉文英探曹奉令帶了張保羅與楊貝比等四名幹探,前往查探。

金融公司是設在阿歷山大路大牌 138 座公共房屋樓下,劉文英探曹交代四名手下在公司外埋伏,他獨自進了金融公司。

公司內的職員說女經理已經到邵氏大廈提款,劉文英探曹一行立刻趕往烏節路。然而,女經理與歹徒已經離去。

上午 11 時。

劉文英探曹一行回到金融公司,女經理的車子停在外頭,四周並沒可疑人物。

找到女經理,問明案件的來龍去脈後,劉文英探曹獲知歹

徒中午要來收款,便向局裡要求增援。

11時30分。

另兩名探員前來報到,連他在內,共有七探「恭候」歹徒「大駕」,準備甕中捉鱉。

中午12時。

歹徒撥電到金融公司,聲稱馬上要來收錢。

這時,劉文英探曹已經部署好人手,他則假扮公司職員,留在辦公室內,其他同僚在門外埋伏。

12時30分。

歹徒出現,他推門而入,剛好跟劉文英探曹打了個照面。

那是個二十來歲的華人男子,穿著藍色長袖衣,外表斯文,一見劉文英探曹,臉色大變,連忙衝了出去。

原來,犯案累累的歹徒,曾經多次落在劉文英探曹手中,因此對他印象很深,一見到他,拔腿飛逃。

劉文英探曹也覺得這男子很面熟,但他已經來不及想對方是何方神聖,馬上跟了出去,對方卻早已不知去向。

劉文英探曹環顧四周,把手下分成三組,到附近公共房屋逐層搜查。

正當他苦思那名歹徒的藏身處時,忽然看見有一個藍色的身影在大牌139座公共房屋的電梯一閃。

他招來了手下,指示他們從該座公共房屋兩個樓梯口上樓偵查,他則單槍匹馬,乘搭電梯到該座公共房屋14層樓。

📷 「十分」生死戰

走到14樓與最高層15樓之間的樓梯口，忽然，有人從15樓飛撲下來。

他倒退了兩步，側過頭來，一把槍已經指著他的額頭。

這人穿藍色長袖衣，他正是方才那個歹徒。

劉文英探曹看清楚了對方的真面目，腦海裡飛快的浮現了一個名字——蜈蚣！

◆ 三

蜈蚣當然是這名歹徒的綽號，他原名蔡漢平，25歲。他又有個花名叫「斯文仔」，是108私會黨派系「龍虎山」的打手，活躍於合樂路、哥文達園以及立達路一帶。

由於他像百足蜈蚣，晝伏夜出，專做破門行竊的勾當，而且動作敏捷，因此，換來蜈蚣的外號。

他有搶劫與勒索的案底，坐過七年牢，擅用左手開槍。一年前，他剛出獄，但已列入刑事偵查局與女皇鎮警署受監視的名單。

幾個月前，他在樟宜路一帶犯下一起勒索案，警方聞訊前來捉他，卻被他突圍逃脫。

在他還在私會黨行動時，曾經被劉文英探曹逮捕。此番「冤家路窄」，蜈蚣雙眼怒焰狂燒，恨不得把劉文英探曹殺掉！

「哼，安東尼，老子認得你，你又要來捉我是嗎？」蜈蚣以

福建話怒喝。

敵暗我明，劉文英探曹因為失去先機，處於劣勢，只好忍氣吞聲，靜觀其變。

「別跟老子亂來！」

言畢，蜈蚣強力把劉文英探曹推向角頭一屋的鐵柵旁。

劉文英探曹暗中提高警戒，試試揮了揮右臂，卻很快地被蜈蚣用力壓了下去，蜈蚣眼中的怒火更凶猛了。

「老子探聽到你已經結婚了，有妻有兒，那又何必冒性命的危險緊追老子不放？老子不怕你，今天是你的死期，也是老子的忌日！」

蜈蚣像是抱著同歸於盡的決心，劉文英探曹大吃一驚，可是，他飛快地想了想，蜈蚣很可能是在盛怒之下說這樣的氣話。因為，蜈蚣為人很愛面子，從不認輸。何況，他曾經栽在他手中，當然嚥不下那口氣了。

情勢如此危急，劉文英探曹心想：只有用緩兵之計，以退為進，先平息蜈蚣的火氣及情緒後，再伺機反撲。

乾咳了一聲，劉文英探曹低聲說：「蜈蚣，你聽我說，大家都是有家室的人，為了家人，何必大動肝火，有事可以慢慢商量。」

「沒什麼好商量的！」

語氣冷冰冰的。

「你何必這樣？我又沒虧待你。上次捉你的時候，你要咖啡

📷 「十分」生死戰

與香菸，我還不是都照樣給你……」

「別跟老子套交情，我不吃這一套！」

蜈蚣好像失去了理智，眼中怒火重燃，「呸」的吐了口痰。

他罵了句方言粗話，喝道：「老子這裡有兩枚子彈，一枚是你的，一枚留給我自己。不過，在老子死之前，先要你的命！」

接著，蜈蚣又喝道：「把你的槍拿過來！」

「不！」

劉文英探曹矮下肩頭，準備使勁往外衝。

蜈蚣以槍柄猛擊劉文英探曹的太陽穴，劉文英探曹悶哼一聲，左輪已被奪去。

蜈蚣雙槍在手，分指劉文英探曹的左太陽穴及左腰，把他當作人質，吆喝道：「帶老子下樓去，叫你的手下滾開，然後，帶老子到安全的地方。」

蜈蚣本來要挾持劉文英探曹乘搭電梯下樓，後來改變主意，拾級而下。

這一改變，扭轉了整個局面，一警一匪的性命也出現了大逆轉！

一步一步走下樓，劉文英探曹苦思脫身之計。

他知道凶狠剽悍的蜈蚣「吃軟不吃硬」，也怕蜈蚣跟正在其他層樓搜查的探員碰頭時，硬碰硬，那麼，一場喋血槍戰也就難免了。

因此，他繼續用話來分散蜈蚣的注意力與視線，並且苦口

婆心，曉以大義，勸蜈蚣投降。

蜈蚣對這番忠言哪裡聽得入耳？他一邊走，一邊用力推劉文英探曹，而且還口口聲聲威脅說要開槍。

步抵六樓與七樓之間，蜈蚣忽然問道：「安東尼，你到底帶了多少人馬來捉老子？」

「只有兩個人。」

「不要來騙老子，最少 10 個人對吧？」

為了不再激怒蜈蚣，劉文英探曹只好默不作聲，點了點頭。

蜈蚣臉上浮現得意的神氣。

劉文英探曹趁機說：「蜈蚣，別把槍指著我的太陽穴，那會使我感到渾身不舒服，而且舉步難行。」

「別囉嗦，快走！」

「我已經沒槍在手，難道你怕我跑了？」

「哼，老子怕過誰？」

「那，你的槍……」

「別再嚷嚷！」

又下了兩層樓，蜈蚣的情緒與氣焰好像平靜了一些，或許他開始累了，他竟然把自己的槍插回右腰，用空出來的右手緊捉劉文英探曹的衣領。左手則拿著奪過來的左輪，繼續指著劉文英探曹的太陽穴。

少了一把槍的威脅，劉文英探曹覺得壓在胸中的大石少了一塊，不禁鬆了一口氣。

「十分」生死戰

「你最好乖乖聽話，不然，老子要用你自己的槍送你上西天！」蜈蚣沉聲說。

來到三樓，蜈蚣忽然有所警覺，又很氣憤地喊道：「快命令你的手下撤退！」

劉文英探曹見蜈蚣怒火又起，只好朝樓下高喊：「大家聽好，撤退此處。」

「哈、哈、哈！」

蜈蚣發出了得意的笑聲，竟也隨著高聲呼喝：「你們最好通通給老子滾開！」

還差 13 級樓梯便到樓下，劉文英探曹忽然覺得一直緊貼太陽穴的左輪好像鬆了點。

他推斷蜈蚣可能擔心樓下埋伏了不少警方人員而心慌意亂，對他的注意力開始鬆懈了。

劉文英探曹心中暗喜，這是千載難逢的機會，他在等待反撲的良機。

背後傳來兩聲吆喝。

劉文英探曹覺得衣領一緊，整個人往前轉。

原來，吆喝聲是他的兩名手下張保羅與楊貝比探員發出的。

他們由四樓悄然跟至，然後雙雙拔槍飛撲而下，喝令蜈蚣放手！

蜈蚣頓感驚愕，連忙轉身，把劉文英探曹「轉」來前面，充當「擋箭牌」。

這樣一來，原本站在梯級上面的蜈蚣，變成了轉到梯級下

面,而且雙腳踏在下樓的轉彎處。

就在這電光火石的剎那,劉文英探曹右腳往後猛踢,接著快速轉身,出手扭捉蜈蚣的左手。

蜈蚣沒料到劉文英探曹會使出險中求勝的絕招,他的雙腳後退時差點踩空,身體幾乎失去重心,左手一鬆,搶來的左輪已經被劉文英探曹奪回。

好個空手奪槍成功的劉文英探曹,他抖擻精神,飛滾一旁後,又如猛獅反撲,以左輪指著要轉身逃跑的蜈蚣。

蜈蚣左手迅速由腰間拔出手槍,對準劉文英探曹,拉動了機板。

砰砰砰……

連環三槍由劉文英探曹的左輪發出。

蜈蚣慘叫一聲,倒地不起。

看著倒在血泊中的蜈蚣,憶起步步驚心,分秒都面對死神召喚的劉文英探曹,不禁嘆了一口氣。

他臉上沒「勝利」的笑,被蜈蚣推打與敲傷的傷口還在隱隱作痛,血在沸騰,心在顫抖……

那驚心動魄,生死攸關的 10 分鐘,他畢生也忘不了,比他闖虎穴捉歹徒還要命的 10 分鐘!

槍林彈雨,警探生涯,豈是好過?

「十分」生死戰

◆ 四

西報《警探求饒》的報導,原來是一場誤會。

那是 13 樓一名住戶,見到蜈蚣與劉文英探曹糾纏時,撥電報警說有人打架。後來,這一家人聽到當中一人說:「大家都是有家室的人,有話慢慢說……」

誤會由此產生,記者訪問他時,添油加醋,加上記者及時向警方求證,報導內容偏離事實越來越遠。

警方與劉文英探曹之後都對那名記者的報導表示遺憾。這樣不負責任的報導的確會影響警方的清譽與打擊警務人員的士氣。

伏誅的蜈蚣死時 25 歲,他有一兄一姐兩弟,只受過五年英文教育,父親早逝,因小小年紀闖入五花八門的社會做事,結果誤交損友,走入歧途。

警方在蜈蚣伏誅之後,在他身上搜出一把槍。他雙臂刺青,穿著滿身「黑符」的背心。他中了兩彈,當中一彈穿心,登時要了他的命。

警方之後搜查他在恆河道的住家,破獲另一把短槍與兩把匕首。

蜈蚣之死,也讓警方揭開了一起案中案。

原來,警方在盤問金融公司女經理時,發現她的供詞疑點重重,密集問話後,懷疑她跟蜈蚣早已「相熟」。

在接下來的跟進逮捕行動裡，從蜈蚣落網的同黨的口中，爆出了一名富商被綁架的案件。

綁架案的主腦是富商的情婦，懷疑她便是這名女經理，她買通了一夥歹徒，綁了富商，然後，向其家屬勒索 50 萬元贖金。

討價還價後，富商獲釋。情婦跟他分手後，由汽車銷售員，轉向商場發展，竟然一帆風順，開了家金融貸款公司，生意大好。

參與綁架的八個歹徒，各分得一筆贖金之後，分道揚鑣，相安無事了多年，沒想到卻因為蜈蚣之死，東窗事發。

蜈蚣是參與綁架的成員，在他喪命之前，他跟一名同黨，向當年涉嫌策劃綁架的女主腦「商量」，勒取一筆費用，結果出師不利，死在警方槍下。

被蜈蚣勒索的金融貸款公司女經理，之後因涉及此案被警方扣留。一個綁架勒索集團最終被警方瓦解了。

至於劉文英探曹則因為冷靜機智，身手敏捷，除了危害民眾的悍匪而獲總統頒發警方英勇獎章。他後來升至駐署探長，直到榮退。

薛爾思總統頒發獎章給勇探安東尼劉文英。

087

📷 「十分」生死戰

血染富貴墳

　　光天化日下，持槍闖公共醫院，劫病人、奪警槍、搶車、押人質、與警交戰⋯⋯

　　一連串的暴力罪行，前所未有；高潮迭起的連環追擊、圍捕⋯⋯

　　這一切，都發生在1972年⋯⋯

　　做案的是兩兄弟，他們的富貴夢最終「葬」在墳場內。兩聲槍響奪兩命，究竟墳場裡發生了什麼事？

血染富貴墳

　　光天化日下,持槍闖公共醫院,劫病人、奪警槍、搶車、押人質、與警交戰……

　　一連串的暴力罪行,前所未有;高潮迭起的連環追擊、圍捕……

　　這一切,都發生在 1972 年。

◆ 一

　　50 年代,結霜橋對面陰暗狹窄的美瑤街,龍蛇混雜,賭館與煙窟林立。

　　一個無星無月的陰暗夜。

　　「上海仔」從地下賭館走出來,滿身煙味,他頹喪地喃喃自語一番後,啐的一口痰,飛吐向街邊的小水溝。

　　水溝傳出的濃烈黴臭撲鼻,令人作嘔。

　　今晚不知從哪裡惹來一身霉氣,手氣差透了。

　　可不是?

　　牌九、麻將……幾乎逢賭必輸。

　　「上海仔」已經把保險公司所給的佣金,輸得一乾二淨了。

　　最倒楣的是遇上了「道友」胡。(「道友」,廣東話意為吸毒者)

　　在「上海仔」輸得焦頭爛額的時候,骨瘦如柴的「鴉片仙」老胡,嬉皮笑臉的迎面走來。

「嗨,上海仔,最近你可發了。兄弟我嘛,手頭可緊了,菸癮又起……嘿嘿,老哥呵,算是兄弟我向你借也好,算是你老哥打賞給我也行,怎麼樣?」

「上海仔」頭也不抬,厭惡地推開那隻黑瘦的右手。

「他媽的,你憑什麼向老子要錢!」

「道友」胡倒退了兩步,他沒想到「上海仔」的火氣那麼大,他捏緊了青筋暴現的拳頭,想要揚聲反譏,可是,很快地,他又堆起笑臉,趨近「上海仔」的身邊。

「哈哈,大家都是老朋友,何必發那麼大的脾氣?你老哥在曼谷……」

「上海仔」身子微抖,他伸出右掌,就要掩住「道友」胡的嘴。

咧開了嘴,露出焦黑缺角的門牙,「道友」胡橫開一步,左手叉腰,伸出了右掌。

「嘿,兄弟是知道怎麼做的,老哥你放心。但是,你可也不要令兄弟我失望呀。」

「老子的錢都輸光了,改天才……」

「別裝傻了,你老哥怎麼可能會沒有錢?」

「信不信由你……老子可是不好惹的!」

「難道我就好惹?」

猛力推開「道友」胡,「上海仔」一記右鉤拳揮了過去,結結實實打中了「道友」胡的臉。

「你……竟敢來真的……」

血染富貴墳

　　弱不禁風的「道友」胡，痛得彎下了腰，雙手捂著臉。

　　賭桌邊幾個男女回頭看了看，臉上全無表情。

　　這類事情在地下賭館司空見慣。誰也沒有工夫去管他人的閒事，賭徒都已把心思與金錢，甚至性命，全部交給了賭桌。只有金錢，才是他們最關心的。

　　「上海仔」走出了地下賭館，靠在燈柱旁，使勁地抽著香菸。

　　對面的酒吧與夜總會的霓虹燈爭豔鬥麗，一閃一閃的，發射出誘人炫目的亮光。

　　街燈下，風塵女郎緊摟著她們的「熟客」，嬌聲、媚語、蕩笑在夜空飄揚，原來已經是打烊時分。

　　吐出的菸圈裊裊，漸遠漸淡，「上海仔」在胡思亂想。

　　繁華絢爛的夜生活，有其吸引人的另一面。

　　何況，他不過是個二十來歲、血氣方剛的未婚青年。他編織過這樣的美夢——做不成大富翁，當個小富翁也好。就算過一個短暫奢侈的物質生活，也不枉此生了。

　　香車、美人、豪宅、醇酒……這樣的一個美夢，單靠招徠保險所賺的微薄佣金，恐怕這一生都無法如願以償。

　　馬無野草不肥，人無橫財不富。

　　賭，似乎是賺快錢的捷徑。

　　可惜的是，沒有人永遠是贏家，永遠是輸家的倒是不少。

　　「上海仔」總是輸多贏少。就算是贏了，鈔票也是一把一把

地往醇酒美人的溫柔鄉裡「送」。

賺得快,花得更快。

這就是賭!可笑的是,很多人明知故犯。

因此,越來越多人泥足深陷,浮沉賭海,無法自拔,難以翻身。

「上海仔」已經債臺高築。他左思右想,單靠賭博,的確是翻不了身,發不了大財。

除了賭博,難道沒有另一條致富的捷徑?

他把菸蒂丟在地上,又吐了口痰,手肘無意間碰到了褲袋隆起的硬物。

他摸了摸那硬物,眼前一亮,似乎看到了一條賺錢的「康莊大道」。

想到這條「錢途」,想到花花綠綠的大疊鈔票,「上海仔」高興得差點笑出聲來。

那是把黑黝黝的手槍!

招兵買馬,建立集團謀生,不但聲勢壯,也可有個照應,還可以自己當「大阿哥」,多威風!

他記得那把槍是月前從曼谷買回來的。在一次賭贏了錢後,花天酒地時,他得意洋洋地掏出槍來,在酒店小姐莉莉面前炫耀,湊巧被「道友」胡瞧在眼裡。

只有一把槍,夠兄弟們用嗎?

小財不出,大財不入。

血染富貴墳

「上海仔」決定再度動身前去曼谷，購買槍械。對這條路，他老馬識途，每次都順利歸來。

為了避開機場嚴密的檢查站，「上海仔」這次改從陸路私運軍火。

他用了 1,000 多元多添一把自動手槍，三把左輪以及 100 多枚子彈。

他由曼谷乘搭火車，暗藏這批「傢伙」到北海。再由北海乘搭計程車到吉隆坡。最後由吉隆坡乘火車南下新加坡。

招募的人選，最先想到的是臭味相投的童年摯友尤索夫。

尤索夫在小坡荷羅威巷的汽車修理廠當技工，他對「上海仔」闖蕩世界的大計，非常感興趣，而且還拍了拍胸口說：「找人手的事，全包在我身上。」

尤索夫果然不負「上海仔」所託，不到一個月，他招募了四個人。他們是：

24 歲的樟宜監獄逃犯華合、小華合三歲的弟弟──殺人疑犯華達化、剛刑滿出獄的南利、原本當保全的安華。

「上海仔」當然成為了這支「六人集團」的首領。

當「大阿哥」的人總是有點小聰明的。

與其自己露面犯險，不如在幕後策劃操縱，坐享其成。

於是「上海仔」把「吃飯」的「傢伙」，分發給這五個手下後，回家墊高了枕頭，幻想著一疊又一疊的鈔票，往他的袋裡……想著，想著，他含笑入夢。

二

1972年10月12日。

這個新崛起的集團當中四個成員,齊集紅燈碼頭,商量搶劫大計。

他們決定先到大巴窰偷車,換上假車牌,然後,再到小坡大馬路(橋北路)與亞拉街交界處搶劫一家銀樓。

四名歹徒偷車的本領倒不小,陣勢也不弱。

一人一輛,有車有槍,好不威風。

可惜的是,人算不如天算。

他們趕到銀樓外面「布陣」,因時間太早,還沒開店營業。

好不容易等到銀樓開了門,但見守衛的工商警員佩槍來回巡邏,加上顧客來往甚多,路過的人更多,的確不易下手,就算得逞,要逃跑恐怕會遇到阻礙。

四名歹徒在現場「密斟」的結果,覺得沒把握動手,一旦被捕,可真不划算,還是走為上策。

可是,空手而返,他們又很不甘心。

轉向另一家銀樓下手吧。

四名歹徒來到芽籠士乃的良光金鋪外。

呼嘯一聲,他們衝入店內,亮槍威脅金鋪的人。

金鋪小老闆機警地按響警鈴。

鈴聲大作。四人如喪家之犬,倉皇逃跑。

血染富貴墳

一連三聲槍響響起。

地上留下斑斑血跡。

金鋪的人都沒受傷。

是誰受傷留下的血？

難道是歹徒擺了烏龍，胡亂放槍，射傷自己人？

這個「烏龍集團」的「處女作」，沒想到出師不利，是不祥的預兆？還是命該如此？

其實，第一家銀樓搶劫不成，他們應該知難而退。

搶劫第二家金鋪時，他們所發的「烏龍槍」，更是連做夢也沒想到，竟然會成為他們的「致命傷」，鬧出了以後一連串驚險刺激的事件。

要不是這三響「烏龍槍」，警方可能不會那麼快獲得跟這個集團相關的重要線索，布下天羅地網，追緝他們。

原來，那天在良光金鋪內，慌慌張張開槍的是華達化。

令人啼笑皆非的是，這群烏合之眾，不知是槍法不靈，還是太過驚慌，子彈竟然射入同黨南利的大腿內。

南利與同黨分頭逃散後，大腿的槍傷發作，痛得他徹夜難免，殺豬般大叫起來。

他來不及找門路去尋找黑市醫生動手術，他害怕那枚射入大腿的子彈會發炎，甚至會要了他的命！

面對死，他有莫大的恐懼。

到政府醫院，肯定難逃法網。

不如自首，還可望減輕罪名。

槍傷的折騰與難忍的痛楚，令他六神無主。

他內心有股怒火，像痛徹心扉的傷口那般：「華達化這傢伙真不是個東西，不看清楚便胡亂開槍。」

另一個念頭忽然湧現：「難道他是故意的，他想殺我滅口？」

怒火高燒，觸動傷口，南利氣憤的拍了拍桌子：

「不仁不義的傢伙，以為我好欺負，他媽的，等著瞧⋯⋯哎，痛死我了！」

♦ 三

刑事偵查局取締組內。

湯姆斯探長緊皺雙眉，正在為最近發生的一連串加油站與銀樓劫案傷透腦筋。

良光金鋪的劫案似乎是新手所做，來去匆匆，什麼也沒搶到，歹徒只開了三槍。

胡亂開槍尤其令警方擔心，流彈橫飛，萬一傷及無辜，鬧出人命，警方可又要面對社會大眾與報章輿論的壓力了。

現場留下的線索不多，只有等待槍械組彈道檢驗專家的報告，由手槍的來源追查此案。

鈴⋯⋯

電話響起。

血染富貴墳

「啊……是嗎？那太好了，馬上押他過來！」

如釋重負，湯姆斯探長嘴角露出了一絲笑容。

電話是如切警署刑事組撥來的，說是個腿上帶著槍傷的男子到警署自首。

真是踏破鐵鞋無覓處，得來全不費功夫。自首的男子正是搶劫良光金鋪不遂的南利。

南利要求先送他到醫院醫治槍傷，然後才讓警方人員錄取口供。

兩天後，湯姆斯探長拿了南利的口供書，翻閱了半天，默不作聲。

探員阿里看在眼裡，輕聲探問：「探長，是不是可以採取行動了？」

湯姆斯探長揚了揚右手說：「四個歹徒的身分不錯都有了，當中一個還是樟宜監獄的通緝犯。我已經通知全國警區司令部協助，通令各警區追緝。」

他頓了頓，把目光投注在口供書的最後幾頁：「別忘了，本組最主要的任務是追查槍械的來源。南利對槍械的來歷不很清楚，看樣子又不像是向租槍集團租來的……唔，那四個歹徒哪來的槍？難道這個集團另有主腦？」

「要不要我向那條道上的朋友打聽？」阿里探員躍躍欲試。

「也好，不過，不要太張揚。」湯姆斯探長點了點頭。

鈴……

又是電話響起。

「哦……亞當路……又是用槍？好，我們馬上到。」

阿里探員望了望放下電話筒的湯姆斯探長。探長從袋裡掏出了一根香菸，叼在嘴裡，但卻沒立刻點燃：「走吧，又發生了一起加油站劫案。」

行劫的是四個戴著摩托車安全帽的歹徒，兩個拿槍，直闖加油站內，威脅收銀員，奪去三百多元。

做案手法直截了當，歹徒的神色卻有點慌張。四名歹徒都是年輕人，膚色黑，不像是華人。

負責亞當路管區的竹腳警署人員正在現場搜尋線索，取締組介入是因為劫匪做案時使用了槍械。

湯姆斯探長不厭其煩地詢問目擊人有關槍支的形狀。

時間在忙碌中飛逝，可取的破案線索不多。

散隊之後，阿里探員駕著摩托車來到惹蘭勿剎一帶的白宮大飯店附近。

從惹蘭勿剎、美瑤街到結霜橋一帶都是娼妓與人妖招搖過市的「紅燈區」，也是三山五嶽人馬與賊贓脫手的「黑區」，尤其是非法放貸的高利貸、專負責追爛帳的打手，以及毒販混跡的「溫床」。

黑瘦的阿里探員幾乎與夜色融為一體，豹子般的敏捷動作，轉眼間已經閃入了一個陰暗的角落。

他掏出打火機，火舌閃動了三下。

血染富貴墳

　　陰暗角落傳出了一把充滿倦意，但又略帶害怕的聲音：

　　「你要探聽的事情還沒消息，過幾天才來好嗎？」

　　阿里探員「嘿」了一聲，夜色中瞧不見他的臉色，陰暗角落那把聲音忽然開始抖動。

　　「……這樣吧，我今晚再幫你活動活動好了。」

　　阿里探員低頭不語，慢步朝街道的盡頭走去，幾個人影在一棟三層樓的舊街屋下晃動，夾雜著粗暴的呼喝。

　　一陣騷動，有人打鬥。

　　阿里探員奔了過去。

　　他揚起了警探的識別證。

　　「喂，我是刑警，你們別跟我亂來！」

　　那幾個大漢倒很知趣，一鬨而散。

　　地上蜷伏著一名男子，瘦得皮包骨，額頭損傷，鮮血直流，臉腫唇破，不斷呼痛。

　　那不是「道友」胡嗎？

　　「怎麼啦，又是欠債沒還捱揍吧？」

　　「道友」胡這個警署的「常客」，一見到警探，忙掙扎著爬起身，臉色驟變，便想拔步走開。

　　阿里探員伸手攔阻他的去路。

　　「別忙著跑啊，高舉雙手，面向牆壁，讓我搜身……嘿嘿，那些玩意可真不少啊，好過癮是嗎？」

　　「道友」胡本能的用手按著褲袋：「別過來，那些……貨……

不是我的！」

「別囉嗦，快舉高雙手！」

阿里探員重複命令，臉色跟著一沉，把「道友」胡往牆角一推。

「嗯，這樣好了，你就放過我這一次，我⋯⋯用一個情報跟你交換如何？」

阿里探員沉吟了一陣，沒有答腔。

「道友」胡臉露焦急之色：「真的，那情報很可靠，我不敢騙你。」

「好，快說出來聽聽。」

「道友」胡心中暗喜：這回有轉機了。

「不過，你還是要到警署一趟，向肅毒組交代。」

「那⋯⋯我的情報⋯⋯」

「你必須據實說出來，不然，我們可以告你知情不報，以及用情報賄賂警方人員。」

阿里探員斬釘截鐵地說。

「哎，我的媽⋯⋯」

拍了拍額頭的傷，「道友」胡痛得跳了起來。

這回，他是「賠了夫人又折兵」了。

四

10月28日,傍晚6時20分。

「上海仔」從馬來西亞航空系統的班機走出巴耶利峇機場。

吹著輕快的口哨,「上海仔」覺得渾身舒服爽快。

曼谷浴室與按摩院的熱辣風情仍盤旋在他腦海,那美妙的享受,要是再撈一大筆,北上銷魂,可真是人間一樂事……

「上海仔」沉醉在旖旎的美夢中,他步出入境大廳,準備走向計程車站。

「喂,上海仔!」

背後傳來呼叫聲。

「上海仔」動了動肩膀,想要轉身看看是誰在叫他。

還未轉身,他忽然發現有點不對勁。

「是誰知道老子從曼谷回來?」

他怔了一怔,馬上轉了個念頭,把轉身的動作迅速地調轉回來,飛撲一輛停放著的計程車。

他的動作已經可以說是夠快了,另外四個人卻比他更快。

搭在計程車門上的右手,已經被一隻強而有力的手緊按著,左方是個黑瘦的男子,「上海仔」驚魂未定,肩背也被兩人四手緊扣著。

「我們是警探,跟我們返回警署,有事要問你。」

前無去路,後有追兵。

「上海仔」不禁大嘆搖頭。

那條賺錢的「康莊」大道幾乎已經遙不可及了。

那致富的捷徑已經變成了死胡同。

美人、醇酒、豪宅與奢侈生活的美夢快幻滅了。

夢想畢竟不是現實，兩者相差何止千里！還有代價與犧牲呢？

偏偏有很多人想不通如此簡單的遊戲規則。要不然，怎麼會有那麼多夢想與現實互相矛盾的事情，甚至悲劇重演。

阿里警探鬆了口氣：「道友胡的情報可也真靈。」

如切警署幹探一個星期以來，日夜在機場埋伏與監視的行動並沒白費。

隨著「上海仔」的落網，警方採取了連番突擊，在中峇魯一屋和獨立橋橋底下，破獲了三把槍與兩百多發子彈。

至此，這個集團基本上已告瓦解。

最重要的是，警方從「上海仔」口中，獲取了更多寶貴的線索。「上海仔」則因擁有手槍與子彈，被控後判處有期徒刑六年。

配合警探的明查暗訪，漏網黨羽的行蹤也漸露端倪。

剩下來的四個漏網黨羽，兩個是警方人員最頭疼的。

他們是樟宜監獄的逃犯華合與殺人疑犯華達化兄弟，華合也是馬來私會黨派系「紅白」的打手。

兩兄弟都身懷槍械，他們都是動輒開槍的「危險人物」。

📷 血染富貴墳

全國通緝令已經電傳到全島八大警區。

每個警探手上都有一份他們的資訊與照片。

刑事偵查局古老大樓內，緝拿華合兄弟的專案小組正在密商部署行動。

專案小組以私會黨取締處屬下的取締組與特別罪案調查組為主，鎮暴隊與八警區刑事組人員充當支援。

警網已密布，捕匪行動已展開。

♦ 五

10月9日中午12時30分。

女皇鎮警署的曾福華探員與兩名下了班的同僚，共乘一車經過阿歷山大路時，發現一輛藍色的摩托車風馳電掣地掠過。

曾福華探員覺得很奇怪：騎摩托車的人騎車技術分明是差勁的，哪有在路上橫衝直撞之理？莫非車子是偷來的？

疑心大起，他吩咐同僚把車開快，暗中跟蹤那輛摩托車。

摩托車來到巴西班讓路的拉柏多維拉公園，兩個男人由摩托車跳下，雙雙往公園的叢林裡狂奔。

對方顯然是機警狡猾之輩，可能在公園內圖謀不軌，曾福華探員等三人把車停下，隨後窮追。

曾福華探員一馬當先，那兩個男人朝公園左方的海灘疾奔。

越逼越近，驕陽高照下，曾福華探員看清楚了當中一個男

人的廬山真面目 —— 那不是全島追緝的要犯華達化嗎？

曾福華探員認出了對方是個凶悍的逃犯後，暗中提高了警惕，掏出了手槍，高喊：「別逃，我是警探！」

凶殘蠻橫的華達化臉色一變，突施狡計，竟然不顧「義氣」，一把捉住同黨卡迪，拉到面前當「擋箭牌」。

曾福華探員因為這個突如其來的轉變怔住了。他萬萬料不到華達化如此心狠手辣，翻臉無情，於是，原想開槍的他，因人質當前，投鼠忌器，不禁遲疑了一下。

華達化果真是個心如蛇蠍的傢伙，就在曾福華探員略一遲疑而有機可乘的一剎那，他迅速拔槍，開了一槍。

曾福華探員頸項旁邊一陣炙痛，鮮血流下。還好子彈射偏，頸項只是被流彈擦過。

強忍痛楚的曾福華探員並沒倒下，他深知眼前這個悍匪要是逃脫了，一定後患無窮。

他用盡全力，半跪著用單膝支撐著搖搖欲墜的身子，連開三槍。

慘呼響起。

眼前的景象越來越模糊，曾福華探員感到全身乏力，剎那間，天搖地轉……

同僚李察趕到時，曾福華探員剛好倒下。

李察連忙扶起曾福華探員，吩咐隨後跑來的占美叫救護車。

海灘上散滴著點點血跡，斷斷續續延伸到叢林入口。

📷 血染富貴墳

　　曾福華探員那三槍並沒白放，華達化肯定已中彈掛彩，這個歹徒也的確夠狠，夠硬挺，竟然還能負傷逃去。

　　李察記得方才遠遠地望過去，有兩個人影扶著華達化朝叢林盡頭飛跑。

　　那兩個人應該是同黨，其中一個肯定是華合。可能兄弟約好同黨在公園會合，準備共商搶劫大計。

　　由於李察與占美已經下班，身上沒佩槍，而華合一夥個個都是有槍在身的「危險分子」，李察與占美不敢輕舉妄動，貿然追趕，唯有先照顧受傷的曾福華探員，再做打算。

　　理論上，受了槍傷的華達化應該是無法這麼快逃得太遠，可是，接下來的一連串變化，非但曾福華探員沒料到，甚至連警方怎麼推斷也推斷不出來！

◆ 六

　　同一天下午 3 時 30 分。
　　巴耶利峇羅弄巴葛村內。
　　公用事業局電氣技工胡申與妻子娜菲、小姨子娜麗以及三名年幼的子女，正在浮腳屋內聊天。
　　一陣急促的敲門聲傳來。
　　胡申開門，驚見門口出現了兩個人，其中一個滿身都是鮮血。
　　胡申認出他們是有點遠親關係的華合兄弟。

沒等他開口，華合先開腔了。

「我們剛好在附近遇到車禍，弟弟華達化受了傷……就讓我們在這裡休息一下好了。」

華合不請而入，一邊說話，一邊扶華達化在沙發坐下。

華達化的腰與腹都是血，臉色很難看，不斷閉目呻吟。

「啊，傷得那麼重，我看，應該送他到醫院去治療。」

華合猛搖手：「不必了，休息一會兒便會沒事了。」

胡申還想開口，忽然想起要帶妻兒到芽籠士乃買生活用品，也只好任由華合兄弟坐在沙發上歇息。

胡申一家五口和小姨子娜麗之後出門去了。

買了生活用品，一行六人又去吃晚餐。

直到晚上8時，胡申回到家裡，剛踏入廚房，只見華達化痛苦地喊道：「水，我口好渴，給我水……水！」

「去看醫生吧。」

「不！不要……過一下子便會好起來的。」

胡申還想開口，華合這時從房間外面跑了進來，焦急的神色中，透著凶光：「我們自己會處理我們的事，不用你多管閒事！」

碰了個軟釘子，真是好心沒好報。

胡申心裡暗罵。

華合彎腰扶起華達化，露出了黑黝黝的手槍，胡申登時被嚇呆了。

血染富貴墳

　　胡申心生疑竇，不敢作聲，悄悄退出了廚房，跟著退出門外。

　　五分鐘後，胡申回來。他沒進門，只在屋外默默踱著步。

　　他的妻子娜菲在屋內跟孩子嬉戲，她望出屋外，心裡覺得奇怪：「胡申怎麼不進屋裡，那兩個遠親又為什麼一直躲在廚房不出來？」

　　晚上 10 時，答案揭曉。

　　娜菲發現住家左右兩旁都有不少人影移動，有幾個還穿著警察制服。

　　一個高大的男人與胡申低語數句後，向娜菲比了個不用害怕，切勿聲張的手勢。

　　娜菲已嚇得臉青唇白，連忙抱緊最小的兒子，哪裡還敢作聲？就在她渾身發抖，抱兒躲在屋子的一個角落時，七八名荷槍實彈的警探踏進了門檻。

　　砰⋯⋯

　　槍聲從廚房傳出，緊隨一陣騷亂。

　　在屋後率領另一支小隊的伊士邁探長在槍聲響起時，就地一滾，剛好遇上奪門而出的華合。

　　華合先發制人，開了一槍。

　　伊士邁探長按動機板，回敬一槍。

　　警匪兩彈皆落空。

　　就在千鈞一髮的那刻，華合好像瘋牛一般，狂呼數聲，直

衝過來。

數名警探急步逼近,華合動作敏捷,飛快攀上一道籬笆,翻身越過。

伊士邁探長跟著攀越籬笆,只見前面是一大片橫生的雜草,玻璃碎片和亂石,再往前則是黑漆漆的一團。

稀星淡月之下,哪裡還有華合的影子!

一日兩度交戰,都被華合突圍而去,華合可真是不容易對付。

唯一的收穫是:由前門衝入的柏拉尼探長在廚房內逮捕了被曾福華探員開槍打傷的華達化,並且從他身上,搜獲一把手槍。

柏拉尼探長把華達化送入了中央醫院。

一個意外的發現是:華達化腰間的傷口已查出的確是曾福華探員開槍打中的,可是右大腿卻另有一道槍傷。那是怎麼一回事?

是華達化手槍走火?還是華合要殺他滅口?

都不是。原來,在受警方包圍時,華合憑他犯罪逃亡生涯多年的「嗅覺」,隱隱察覺不太對勁,便拔出手槍,以防萬一。

不知是慌張,還是害怕,華合竟然不小心觸動機板,射出的子彈,穿進了華達化的右大腿。那「砰」的一聲槍響便是在警探踏進門檻時,娜菲聽到的第一聲槍響。

華達化曾經在第一次搶劫金鋪不遂,倉皇逃跑時,亂放「烏

血染富貴墳

龍槍」，射傷同黨南利的大腿。如今，輪到他本身嘗到了「烏龍槍」的滋味，是報應？還是巧合？

華合與華達化兄弟顯然都是亂放「烏龍槍」的「高手」。尤其是華合的「烏龍槍」，並不可笑。有時奇準，有時不準，讓人捉摸不定。那才是最可怕的！

◆ 七

12 月 13 日。上午 6 時 30 分。天剛破曉。

歐南路中央醫院鐘樓下中間左側，第 14 號病房。

病房內一切如常，有些病人在吃早餐，有些還在睡夢中。兩名護士在巡視病房。

右邊最角落的第 76 號病床上，躺著一個男子，右手上了手銬，手銬的一端緊扣在病床的鐵柵上。

這個男子是受槍傷落網的華達化，經過一個多月的治療，他的傷已幾乎痊癒。

此刻，他睜開了雙眼，一會兒望著天花板，若有所思。一會兒斜眼偷望床邊駐守的獄警周亞才與佩槍的警員。

華達化把目光落在牆上的掛鐘上，然後，轉頭望向病房的入口處。

忽然，眼前一亮，哥哥華合、遠親麥洛與查化如鬼魅般出現。

華合與查化分持手槍，喝令獄警周亞才和警員勿輕舉妄

動。華合還沉聲命令他們開啟手銬。

在槍尖之下，兩人乖乖聽命，獄警周亞才掏出鑰匙，開啟手銬。咔嚓一聲，手銬開了。

華達化迫不及待，迅速脫下藍色條紋的病服，丟在地上，然後，竟然赤裸裸地跳下病床，興奮地說：「走，快走，要悶死我了！」

華合把槍管往獄警周亞才的腹部推，將對方的槍奪了過來後，凶巴巴地警告：「你跟我們走，最好識相點，不然，要你的命！」

突如其來的巨變，令病房內的護士與病人驚愕得說不出話來，手足無措，只能張口結舌，眼巴巴看著四匪挾持獄警周亞才離去。

華合帶頭奔出大鐘樓最前面的病房的房門後方，查化則把手提袋內的東西拿了出來，原來是一套衣服與假髮。

♦ 八

大門外，一輛計程車停放著，引擎未熄，司機何亞古右手靠在車門邊，托著下巴暗忖：「怎麼剛才的乘客還沒出來？又不知要等多久？」

五個男子衝了出來，當中一個穿著警察的制服。

他正要開口發問，左邊的車門已經開啟，一把手槍伸了進

血染富貴墳

來，指著他的左太陽穴。

「快點開車，不然要你的命！」

驚魂未定，手腳發軟，他駕車的速度很自然地慢了下來。車到歐南路路口，持槍的男子放聲大罵：「他媽的，你嫌命長啊，竟敢不聽老子的話，把車開得那麼慢！」

何亞古冷汗直流，搖了搖頭：「不……不是的，我心裡好害怕！」

「怕？怕個鳥！你給老子滾出去！」

這個動輒叫罵、脾氣暴躁的男子正是華合。他把何亞古趕下計程車，揚了揚手中的槍，坐在後方的華達化會意，跳下車進了司機座位，接過方向盤。

何亞古想要跑，卻被華合捉緊了衣領，粗暴地拉回前座，夾在他兄弟之間。後座是麥洛與查化，一個拿槍，一個持刀。

華合顯然是發號施令的老大，他在計程車朝市區方向行駛途中，強將何亞古的衣服撕了下來，用來綁緊何亞古的雙手。華合也把何亞古的身分證搜了出來，用一張白紙抄下上面的資訊：「別跟老子耍花招，老子可以隨時上門要你的命！」

被挾持上車的獄警周亞才坐在後座中間，他的制服也已脫下，雙手反綁。

計程車朝樟宜海邊飛馳，華合惡魔般的破銅鑼腔又開了：「這兩個傢伙既然認出了我們的真面目，一不做二不休，把他們給殺掉！」

車內的兩個人質何亞古與獄警周亞才登時臉無人色，顫聲求饒：「拜託，拜託，不要殺我們！」

　　窮凶極惡的歹徒哪會因為他們的哀求而軟下心腸？一陣狂笑過後，華合高喊：「給老子閉上鳥嘴，否則，馬上讓你們嚐嚐子彈的滋味，哈哈哈……」

　　兩名人質噤若寒蟬，哪裡還敢出聲？只有渾身抖個不停，不斷祈禱老天爺保佑。

　　「先找個偏僻的地方滅口！」

　　計程車來回樟宜與淡濱尼之間有四五趟，華達化喃喃罵道：「怎麼那麼湊巧，一大早便有人垂釣，還有人游泳？」

　　車抵白沙海邊，華合喝令停車：「唔，這裡是個好地方，殺死他們後，把屍體拋進大海餵魚，毀屍滅跡！」

　　兩名人質幾乎嚇暈，身子軟綿綿的。

　　看到人質害怕的樣子，華合洋洋得意地呵呵大笑：「瞧這兩個傢伙的窩囊樣子，大魚也沒胃口吃他們。哈哈……有了，何不像牛仔片一樣，將他們活埋在沙裡，那豈不更有趣？對，就這麼做！」

　　以為是死裡逃生，卻又是另一番折磨，何亞古與獄警周亞才已經魂不附體，只有聽天由命！

　　車子左彎右轉，華達化罵了句粗話：「沙場的路怎麼走？」

　　「停車，讓老子出去打聽。」

　　華合的詭計似乎特別多，又不知他要搞什麼花樣了。

113

血染富貴墳

他開啟了車門,攔住了路過的一名少年,用槍威逼少年上車:「你好好地帶我們去一個偏僻的沙場,不要亂動,老子的槍可不會認人!」

可憐的少年嚇得眼淚直流,搖了搖頭,又點了點頭,伸出顫個不停的手指往前一指。

計程車由淡濱尼18公里的小巷駛入,盡頭果然是一大片沙場。

「都給老子滾下車,跪在沙上!」

呼呼喝喝的依然是華合。

三個人質在歹徒威逼之下,一起跪在沙地。

「今天就是你們的忌日,哈哈……」

華合把槍先對準獄警周亞才。

就在這危急關頭,七八聲吆喝由遠至近,他們都是沙場的工人,他們對這幾個陌生人起了疑心。其中一個揮舞著鋤頭高喊:「你們是誰,在幹嘛?」

工人的出現,及時的吆喝,把三名人質從鬼門關拉了回來。

華合做賊心虛,朝獄警周亞才開的一槍失去了準頭射空了。

華達化、麥洛和查化見行跡敗露,無心戀棧,隨著華合拔腿奔向大路。

一出大路,華合馬上攔住一輛汽車。駕車的是個商人,他的兒子坐在一旁。為了避免撞到人,商人連忙緊急煞車。

車子一停,四名歹徒立刻衝了過來。

商人發現情勢不妙,剛要踩踏油門,華合已閃電動手,將他拉下車來。商人的兒子也被華達化拉下車。

華合滿臉筋肉顫動,極為惱怒,舉起槍柄,朝商人的頭敲去。商人跌跌撞撞,倒在路上。

一聲獰笑,接著是一聲槍響。

子彈朝空射去。開槍的又是華合。

商人感到頭重眼花,兒子把他扶起,他勉強睜眼一看,車已劫走,朝樟宜路的方向絕塵而去。

◆ 九

暮色四合,取締組辦公室內還亮著燈。

湯姆斯探長兩眼布滿紅絲,顯然是徹夜未眠。

各報章都以悍匪闖醫院「劫」病犯的事件,作為當天引人注目的頭條新聞。

那畢竟是史無前例的重大案件。警方所受的各方壓力越來越大。先是華合兩度與警槍戰,兩度都被他逃脫;之後,橫行醫院,劫犯人、擄人質、搶槍、奪車、傷人……幾乎是「罪案大全」,華合這夥人可說是目無法紀,公然向警方挑戰!

湯姆斯探長無心詳細閱讀報章的報導,其實,他哪有時間與閒情去翻閱報章?他一邊細讀三名死裡逃生的人質的口供,一邊沉思,一邊做筆記,列出行動部署的大綱。

血染富貴墳

　　阿里探員也沒閒著，醫院第 14 號病房幾個病人的口供，引起了他的「興趣」。

　　醫院劫犯人的案件顯然早已策劃周詳，阿里探員拿起了一張嫌犯的拼圖，看得入神。

　　他覺得拼圖的人像有點眼熟，可又一時想不起是誰。

　　他是那麼專注地望著拼圖，腦海裡不斷浮現模糊的人影，連電話響了也沒聽到。

　　湯姆斯探長把電話筒交給了他。

　　「是不是太累了？」

　　阿里探員苦笑：「沒事。」

　　「嗯，我是。你……是真的？好啊，拜託你叫他別亂跑，沒事的……我馬上趕來！」

　　阿里探員的神情由疲倦茫然，忽然轉為興奮欣喜。湯姆斯探長摸不著頭緒，不由抓了抓後腦。

　　「探長，醫院劫犯人的案件有線索了，我們快走！」

　　話剛說完，阿里探員已經快步走出門外。

　　探長的動作也不慢，拿起了直通刑事偵查局專案小組的電話，交代了所計劃的部署行動。

　　阿里探員來到惹蘭烏美一間浮腳屋外時，已經是晚上 7 時 45 分。應門的是個頭髮半白的男子，阿里探員低聲叫了一句：「表叔，你好，表弟呢？」

　　表叔麥都拉垂下了頭，指了指右手邊一間房。

阿里探員正想掏出手槍，眼光觸及黯然無語的表叔，只好嘆了口氣，縮回了拔槍的動作。

　　房內一張簡陋的床上，坐著一名青年，垂頭喪氣，見阿里探員進來，點了點頭。

　　這個青年就是跟華合結伴劫犯人的麥洛，也正是阿里探員看來很面熟的拼圖。

　　阿里探員跟他的表親關係是上一輩的延續，他只記得少年時期曾與麥洛一起踢足球。長大後，各奔前程，最少10年沒來往，也未碰面。難怪阿里探員一時記不起有這樣一個表弟。

　　沉默了一陣，阿里探員的心情開始起伏不定：「捉他？這門親戚肯定會斷絕。不捉，豈不知法犯法，有礙司法公正？何況，那些都是危害到民眾的嚴重罪行……」

　　還是麥洛先開腔：「表哥，是我做錯了事，捉我回去吧！」

　　麥洛失聲痛哭，阿里探員輕拍他的肩膀：「別衝動，慢慢說，只要你跟警方合作，事情便好辦多了。」

　　原來，麥洛的未婚妻是華合的妹妹。華合在兩個星期前約他見面，威脅他進行醫院劫人的計畫，而且還揚言如果他不言聽計從，華合會取他性命。

　　「我知道華合是個說得出做得到的人，他警告我不可張揚，否則，先對付我的父母。」

　　「那麼，你知道華合他們會逃去哪裡嗎？」

　　「他把我和查化趕下車後，便與弟弟華達化跑了。我回到

血染富貴墳

家,越想越怕,我是否應該這樣做,那是犯法的呀!」

尤其是面對年老的父母時,麥洛不禁黯然神傷:「萬一坐牢,可怎麼辦?」

左思右想,他終於向父母和盤托出事情的經過。

父親聽了,猛摑了他幾個巴掌後,老淚縱橫地悲呼:「兒啊,自首吧,不能一錯再錯了!」

阿里探員望了望站在房外的表叔,對老人家的大義滅親,充滿了敬意。

「想想看,華合還對你說過些什麼?」

「我記不清楚了,他每次總是呼呼喝喝,粗口罵人,很少說些與做案相關的事。我的未婚妻莎莉或許會知道一些。」

「好,我回去問她。」

阿里探員聽到腳步聲,湯姆斯探長也進房來了。

麥洛伸出雙手,阿里探員背轉了身,探長拿出了手銬,把麥洛雙手銬上。

「幫我好好照顧我的爸媽⋯⋯還有莎莉。表哥,謝謝你⋯⋯」

麥洛經過阿里探員的身邊,流著淚說。

「我會的,你放心。法律是公平的。」

屋外不知何時開始下雨,淅瀝淅瀝,蠻惱人的。

◆ 十

　　莎莉聽了阿里探員談起未婚夫麥洛自首的經過後，淚珠奪眶而出。她含淚供述家裡的情況。

　　她的父親是個船夫，已經退休，母親是家庭主婦。她有10個兄弟姐妹，華合與華達化是家中的男孩，華合是大哥，華達化是老么。

　　父母重男輕女，對兒子特別寵愛，兄弟倆從小便很頑皮，不過，他們手足情深，感情很好，孟不離焦，焦不離孟，打架也一起上陣。華合念到小六因逃學被開除，華達化念到中二也步上老哥的後塵。

　　兄弟倆當過臨時工，很少回家，最少已有一年沒他們的音訊。

　　見到他們的時候，一個在監獄，一個在感化院。

　　看了報章的新聞報導，才知道兩兄弟作姦犯科，做了不少轟動社會的案件。

　　「大哥從小好吃懶做，整天編織富貴夢，總想坐享其成，不勞而獲。」

　　莎莉凝視窗外未停歇的雨水，幽幽地說：「是富貴夢害了大哥與五弟。大哥還說過，就算要死，也要葬身在名門望族的墳場。」

　　莎莉沒說出華合兄弟的去向，因為，她根本不知道未婚夫牽涉此案，也很久沒有兄弟的消息。

血染富貴墳

阿里探員回到取締組，只見湯姆斯探長鐵青著臉，不斷在抽著菸。

他知道事情有點不對勁，湯姆斯探長的習慣是叼菸在嘴，從不點火，除非是遇到棘手難題，或有人激怒了他，才會把菸點著。

還沒開口，湯姆斯探長已做了個阻止他問話的手勢，轉身在菸灰缸弄熄菸蒂後，吁了口氣說：「上頭已經忍無可忍，下了道命令，盡快布網，把華合兄弟迅速逮捕歸案，以保警方聲譽跟市民安全。」

湯姆斯探長繼續說：「全國八警區的警探也已總動員，不過，上頭交代，即便獲取情報，也不准個別採取行動，以免破壞整個圍捕計畫，而必須向刑事偵查局的聯合指揮官彙報。」

阿里探員聽了探長對一些行動細節的吩咐後，騎了摩托車，從羅敏申路取道維多利亞街，準備先回到芽籠士乃好好地休息一晚，讓頭腦清靜再做打算。

在維多利亞街與惹蘭古板交界處，心事重重的阿里探員所騎的摩托車差點出事，為了閃避一條狗，緊急煞車，結果車子打滑。

「居然不怕死！」

阿里探員抬頭望了望那條狗跑出來「送死」的方向，原來是個回教墳場。

他拍了拍額頭：「精神不夠，還是小心為妙。」

他重開引擎，眼光落在墳場的一塊牌子，上面寫著：貴族墳場。

「貴族墳場設在鬧市，有錢有地位連葬身之處也與眾不同，哎，真是同人不同命。」

摩托車轉入加冷路，阿里探員覺得腦海裡浮現一個構想，好像是跟墳場有關。

他停下摩托車，盡力在回想，在捕捉一些片段……

啊，對了，華合不是對他的妹妹莎莉說過這樣的話嗎——「就算我死了，也要葬在富貴人家的墳場！」

難道華合兄弟便藏在這個鬧市的富貴墳場內？

阿里探員馬上把摩托車騎回羅敏申路刑事偵查局大樓。

這時，警方多個單位也接到線報，透露早些時候，有人發現兩個可疑男子，在富貴墳場一帶出沒。

多方面的情報，加上阿里探員的推斷，圍剿行動的特務隊隊員精神為之大振，準備縮小包圍網，把火力集中在富貴墳場。

墳場四周的圍牆高約一公尺，內有一間回教學校，墓碑處處，野草叢生，淒冷清幽。

墳場進門不遠有座木屋，屋外有數株古樹。盡頭是兩座貴族墳地，上有瓦蓋屋頂，以磚牆圍繞，後方只有簡單的一道牆而沒屋頂的墳地，那是平民葬身之所。

阿里探員站在對面馬路眺望，頸項遭華合槍傷的曾福華探員也已經傷癒出院，趕來協助。

血染富貴墳

　　忽然，兩個人影在墳場晃動，當中一人似乎腳受了傷，走起路來一拐一拐的。

　　由於古樹與野草遮擋了視線，阿里探員不敢肯定他們就是華合兄弟，但曾福華探員與另三名埋伏在不同角落的探員，證實他們是華合兄弟。

　　刑偵局局長徐文熙助理警察總監當時並沒馬上下令行動，理由有二：

　　一、因地處鬧市，投鼠忌器，為顧及市民安全，不宜日間出擊，夜晚突擊較為有利。

　　二、時機未成熟，因為，不知華合是否還有同黨，如能一網打盡更好。

　　聯合行動指揮室於是下令採取「守株待兔」，配合疲勞消耗兄弟大盜精神與體力的策略。

　　另一方面，聯合行動指揮室也布下陣勢，圍剿大隊分成三組，動員 200 人，由刑偵局局長指揮，私會黨取締處主任歐陽榮華警監協助。

　　主攻的是為數 12 人的「敢死」小組，他們身穿防彈衣，負責突擊捉人。其他兩組分四路重重包圍墳場。

　　一組便衣探員與專案小組組員用紅布纏繞右臂，定下了「剿兔」的暗號，主要任務是支援敢死小組。

　　行動決定在三天後的晚上啟動。

　　「剿兔」的時間定在晚上 8 點整。

　　上司的通令是：只許成功，不許失敗。

◆ 十一

1972年12月16日。

貴族墳場的一個角落。

窮人出身的華合與華達化兄弟坐在草蓆上，垂頭喪氣，相互對望。

已經藏匿了將近60個小時，隨身攜帶的乾糧已吃盡，華合眼中彪悍暴戾之氣大減，他憐惜地看著受傷的弟弟華達化。

華達化腰部與大腿的舊傷因逃跑用力過猛復發，血又流了出來。華合用藥水替弟弟洗滌了傷口，包上紗布，摸摸他前額，一片燙熱。

昨日溜出墳場買藥水與乾糧時，華合憑他逃亡的經驗，隱隱約約覺得有人在外頭跟蹤監視。

他不忍對受傷的弟弟說明。他覺得對不起弟弟，沒把他帶上正路，反而拖累弟弟隨他亡命逃跑。尤其是弟弟腿上的槍傷，還是他擺烏龍走火所傷，使他大感內疚。

他走近貴族墳場的出口，摸著一塊墓碑，忽然有種窮途末路之感：「富貴夢做不成，能葬身這裡也很不錯……」

「裡面的人聽著，警方已經把這裡重重包圍了，快丟下武器，高舉雙手走出來投降。我們只給你五分鐘，再不出來，我們可要採取行動了！」

擴音器傳出的聲音，句句似箭，直射華合兄弟的心。

📷 血染富貴墳

華達化掙扎著站了起來,驚慌失措,望著相依為命的哥哥。

華合仰天長嘆:「天亡我也!」

他圓睜雙眼,對華達化說:「來,我放槍掩護你,你快逃吧!」

「不,哥哥,要跑就一齊跑!」

華達化猛搖著頭,拾起了槍,衝出了門外。

砰!

黑暗中傳出槍響。

警方的敢死小組組長沙瑪助理警監低聲吩咐:「對方居然開火,我們也該行動了,大家千萬要小心。」

阿里與曾福華探員小心翼翼地爬行到貴族墳地與平民墳地之間,然後,藏身在大樹後。

就在他們跟湯姆斯探長交換眼神,飛身撲出之際,又是一聲槍響傳出,然後是一片寂靜。

擴音器再發出最後一次警告。

只有唧唧的蟲聲,還有「知了、知了」的迴旋。

沙瑪助理警監比了個開火的手勢。

砰……

一連七槍。

敢死小組最終發現了華合——他的右太陽穴鮮血泉湧,雙手彎曲在胸部,手槍掉在屍體旁。

距離華合三公尺之處,躺著上身穿紅色長袖衣、下身只穿

白色內褲的華達化,他的左太陽穴血流不止,右大腿也有槍傷,右手還緊握從醫院獄警周亞才奪來的左輪。

會不會是兄弟互相殘殺?還是其中一人要求對方殺死自己之後,再開槍自盡?

從兩具屍體的距離與太陽穴貼肉的槍傷來看,這兩個推斷都很難成立。

出乎警方意料之外的是:歹徒竟然沒在「敵明我暗」的環境優勢之下,開槍交戰。

唯一的解釋是:前無去路,後有追兵,重重圍困,插翅難飛,加上精疲力盡,兄弟倆只好「認命」,分別飲彈自殺。

警方也沒想到,華合並未像上次那樣,捨棄弟弟華達化,獨自突圍逃跑。難道是手足情深?還是知道法網難逃,寧可跟弟弟同年同月同日同時,一起死在自掘的墳地?

只有上蒼能回答!

華合兄弟血灑墳場不久,漏網的同黨也跟著在下來的警方行動中被捕,最後告上法庭定了罪。

🎥 血染富貴墳

千面盜末路

　　在 50 到 60 年代警方通緝要犯中,「雙槍大盜」林萬霖是「頭號公敵」,他動輒開槍對付執法人員,殺了一警一守衛。他善於易容,數度喬裝突破警網,「知名度」幾乎「家喻戶曉」,甚至他伏誅之後的種種傳聞,也為他的亡命生涯添上傳奇神祕的色彩。

　　他真的是那麼「神祕」嗎?

　　這裡揭開他的真面目……

千面盜末路

50 到 60 年代警方通緝要犯中，林萬霖是「頭號公敵」，被新馬兩地警方形容是最危險、最頭疼、最棘手的逃犯。他擅用雙槍，動輒開槍對付執法人員，已殺一警一守衛傷兩探。他善於易容，數度喬裝突破警網。他的「知名度」比任何一個大盜與悍匪還高，連在他伏誅之後，也引起種種傳聞，為他添上傳奇神祕的色彩。

他真的是那麼「神祕」嗎？

這裡揭開他的真面目……

◆ 一

槍，對警方人員來說，恐怕比老婆還重要。

因為，執法人員的槍，代表著司法，代表著整個警察部隊，形象崇高，權威無上。

警方人員一旦佩槍被奪或遺失，不但得接受調查、盤問與寫報告，還得面對處分，甚至解職。不但顏面全無，而且還會助長不法之徒的氣焰，愈加目無法紀，膽大妄為！

1965 年 5 月 20 日。

刑事偵查局特別罪案調查組內，專案人員個個神情嚴肅，緊繃著臉，在剖析三天前在麥波申路發生的警探左輪被搶的案件。

失槍的警探名叫林彼得，是巴耶利峇警署的便衣刑警。

當天傍晚 5 時，他跟兩名同僚發現三個嫌犯的行蹤，馬上

追趕。

　　誰知，他在隻身追捕當中兩徒時，卻遭兩徒反撲，雙雙拔槍跟他交戰。

　　單槍難鬥雙槍，林彼得警探的左腳被流彈所傷，左輪因此落入了匪手。

　　林彼得追嫌犯已盡全職，失槍非他之過。

　　可是，不明真相的外人，看了警探手槍被奪的新聞報導，總會產生這樣的念頭：警方無能，連自己的佩槍也保不住！

　　這樣的評論，對警界的聲譽與形象，大為不利。因此，專案人員廢寢忘食，日以繼夜，誓將奪槍歹徒，繩之以法。

　　鈴……

　　忽然響起的電話，驚動了正在埋頭苦研案情的專案人員。

　　執勤警官拿起了聽筒。

　　是線人提供情報？

　　這是大家所盼望的。

　　還是發生重大案件的通報？

　　千萬不要一波未平，節外生枝啊！

　　話筒先傳來「嘿、嘿、嘿」數聲乾笑，然後是連珠炮似的談話……

　　「哈哈，你們要找的槍，我已經丟棄在加東路一棟洋樓外，你們去拾回來吧！」

　　「我何必要你們警察的槍？我手頭上還有很多把呢！」

千面盜末路

「你們要捉我？哈哈⋯⋯來吧！你們是永遠捉不到我的。我一定會跟你們火拼，砰砰砰⋯⋯夠刺激吧？最後一枚子彈是留給我自己用的，你們只能夠得到我的屍體⋯⋯」

洋洋得意的狂笑過後，電話掛上了。

奪槍、還槍、還致電「示威」、挑戰⋯⋯這名歹徒可真目無法紀，驕傲自大。

狂笑像是化成了尖刺，刺痛了專案人員的心。好幾個警探禁不住握緊了拳頭，臉露慍色。

另幾位資深的警探與警官，臉色更是沉重，他們很熟悉那聲使他們疲於奔命，受盡社會輿論和壓力的狂笑⋯⋯

那正是警方的通緝犯——林萬霖。

◆ 二

在警方檔案中，32歲的林萬霖紀錄「輝煌」。

他出身於漁家，兄弟姐妹11人，在7個兒子中，他是老三。

3歲時，家貧，交託外婆撫養，老人家對他非常溺愛。

16歲那年，他回到大成巷惹蘭紅燈的老家，跟父母以及兄弟姐妹共享天倫。

他相當吃苦，做過飼料工人、汽水廠工人、冰水小販及臨時工。

血氣方剛的他，性情暴躁，愛惹是生非，更愛強出頭逞英雄。

他只念過幾年書，放蕩不羈的性格，使他成為朋友群中的「小霸王」，他之後交上一些不良分子，逐漸走上歧途。

後來，他被18私會黨派系「小義和」召募為打手，打架格鬥成了家常便飯，監獄與青年感化院更是經常出入的場所。

在私會黨打群架時，個子並非魁梧高大的林萬霖總是一馬當先，夠凶夠狠，黑社會人馬都怕他三分，數「戰」成名後，他升當小義和的小老闆。

林萬霖當時只是在大成巷一帶「成名」，小義和經營的彩券廠分部，交由他負責。

黑社會給他的綽號最少有六個，包括：頭瘋林、矮仔、日本仔、阿笑、笑林……等。由「頭瘋林」與「笑林」這兩個外號（福建話意思是：瘋癲，神經），可知他的脾氣，喜怒不定，行徑多變。

從1956年到1958年，他因私會黨格鬥被扣留了五次，但都在受盤問後獲釋。

正式被警方逮捕，送入改造所感化是在1958年12月。當時，他新婚不久。

兩年後，他步出改造所，但是，他沒受到改造，不但沒悔改，一念之差，又走回了歪路。

他很好賭，經常賭得廢寢忘食，無日無夜，結果總如鬥敗公雞，垂頭喪氣，囊空如洗，分文全無。

經濟拮据，加上脾氣火爆，家人苦勸，始終都是忠言逆耳，他依然故我，我行我素。最後，他離家而去，闖蕩江湖。

📷 千面盜末路

　　1963年是他在黑道上「大顯身手」的第一個年頭。他一口氣犯下8起持槍搶劫案，搶去現金超過15萬元。當中最轟動的是他與三個持槍的同夥，在美芝路三軍俱樂部門前，攔截東京銀行一輛運鈔車，劫去8萬元現鈔。

　　1964年，他又跟同夥做了多起銀樓劫案。

　　林萬霖浪蕩江湖，居無定所，就算是親信與同夥，也不知道他出沒的場所，因為，每次做案後，他都在半途下車，獨自離去。

　　他的謹慎小心，獨來獨往，神出鬼沒的行蹤，使警方一度無法探知他的下落，找不到適當的機會逮捕他。

　　最可怕的是，這個左手握槍的悍盜，身懷多把槍，不但槍法準，而且還揚言絕不會讓警方活捉！

　　換言之，在與警方人員面對面時，他必定拔槍相向，拚個你死我活！

　　林彼得警探的左輪被奪，人遭槍傷一案，只是一連串腥風血雨的序幕。從那年（1965年）開始，警方把他列入通緝名單，還發出2,000元的賞金，希望知情者提供線索。

　　飄忽無蹤的林萬霖，始終是警方人員的心腹大患，他一日不落網，江湖與社會可從此多事矣。

　　最令警方頭疼棘手的是：林萬霖擅於易容，他甚至曾經裝扮成女人，逃避警方的耳目，從警方的包圍中，從容走脫！

　　因此，除了「雙槍大盜」的稱號，林萬霖也被警方與黑道人

物形容是「千面大盜」。

對這麼一個充滿傳奇性的大盜，警方莫非已經一籌莫展，任由他逍遙法外？

答案當然是否定的。

警方不但費心耗神，鍥而不捨地查探他的下落，甚至還犧牲了一名忠於職守的警探的寶貴性命！

林萬霖曾經四度跟明查暗訪、緊追盯梢他的警方人員「狹路相逢」。每回，他都以敏捷的身手與快狠的槍法，令企圖生擒他歸案的警方人員險象環生，吃盡苦頭。

麥波申路奪槍案發生後的一個多月，兩名警長、一名警探與一名警員突擊平玉道一棟兩層樓的街屋，逮捕了一個「三字」私會黨派系的成員。

這棟連棟房屋是家地下賭窟，好賭成性的林萬霖剛好在那裡埋首聚賭。突擊的警方人員做夢也沒想到這名黑道「大煞星」也在樓上，只派了一名警探先上樓探個虛實。

林萬霖一聽到腳步聲，見是陌生人，便已拔出手槍，先發制人，喝令警探不得動彈，他則轉身由屋後的螺旋鐵梯奔下，朝黑暗的後巷逃去。

警探不甘罷休，他在擺脫受制伏的劣勢之後，持槍反撲，追入後巷。

誰知，這正是林萬霖誘敵之計，警探則犯上了「窮寇莫追」的大忌。

千面盜末路

　　果然，一踏入後巷，一枚子彈迎面飛來，幸好林萬霖的槍法在黑暗裡失去準頭，但也足以令警探嚇出一身冷汗，連忙提高了警惕，閃到一個棄置了的破冰箱後面，緊握手槍戒備。

　　半晌，沒有任何動靜，警探伸頭張望。

　　砰！

　　槍聲起，人仍在，伏暗處。

　　警探貼著冰箱旁，就地疾滾，連放兩槍。

　　林萬霖的銳氣，登時被這兩槍所挫弱，心想槍聲既已驚動附近的居民，加上先前自己所開的兩槍又未命中對方，更未嚇退對方，還不如先溜為妙，否則，警方大隊人馬趕來，那可要多費一番工夫了。

　　邊想邊跑，慌不擇路，林萬霖竟一個不留神，跌進了小水溝，但他又很快地爬了上來，頭也不回，快步疾奔。

　　窮追不捨的警探畢竟還是慢了一步，功虧一簣，只好眼巴巴看著林萬霖用槍攔住了一輛汽車，絕塵而去。

　　這也是林萬霖逃命逃得最狼狽的一次！

　　兩度與警方人員交火之後，林萬霖繼續結伴做案，持槍在新馬兩地打家劫舍。在這期間，警方多次接獲情報，說是林萬霖悄然回去大成巷老家探親。

　　可惜的是，多次埋伏的結果，警方都無功而返。林萬霖仍然在跟警方玩要命的「捉迷藏」遊戲。

　　1966年9月7日。

林萬霖第三度與警方人員「冤家路窄」。

當天下午4時，刑事偵查局的艾倫李順祥警探路過小坡奧迪安戲院旁邊的一條小路時，發現林萬霖與一名同夥，形跡可疑。

李順祥警探開始跟蹤，林萬霖似乎已經察覺「氣氛」不太對勁，連忙拔槍，轉身朝李順祥警探開了一槍，然後，拔腿飛逃。

李順祥警探猝不及防，右腿中彈。他忍痛咬緊牙齦，半蹲在地上，開槍還火。

林萬霖與同夥卻已逃跑無蹤，第三度逃脫警網。

第四度與警方交火則是在兩年之後。

在亡命江湖的兩年裡，林萬霖依然招兵買馬，結黨持槍，在新馬兩地劫銀行、搶金鋪，連路人也不放過。

兩年未與警方「冤家路窄」的原因，可能是林萬霖忙著策劃一起又一起的劫案，也或許是他故意深居簡出，暫避警方耳目。

因為，他深知警方絕不會放鬆對他的盯梢，遇上他的警探想必奮不顧身，勇於跟他槍戰，更會不惜以性命相搏，為的是將他生擒活捉，交由法律制裁。

◆ 三

1968年6月23日下午1時10分。

內部安全局27歲的探員許崇楷，路過奧雲路與實龍崗路附

📷 **千面盜末路**

近,發現林萬霖的行蹤,吩咐同行的張炎順探員跟蹤林萬霖,他則撥電回警署求援。張炎順探員是屬於守衛保全組,職務包括派遣守衛到銀行等機構。

當時,林萬霖剛從一間咖啡店出來,舉止鬼祟。

林萬霖的警覺性很高,張炎順探員一走近他的身邊,他感到很不自在,馬上從左邊後袋裡拔出一把手槍,喝令張炎順探員高舉雙手,並且對張炎順探員進行搜身,找不到任何東西後,責問張炎順探員為何跟蹤他。

張炎順探員謊稱認錯人,林萬霖竟然拿出一張綠色的證件,自稱是警官,然後,匆匆逃跑。

張炎順探員之後與許崇楷探員會合,另一探員張安興也趕了過來,三人準備活捉林萬霖。

就在三人來到奧雲路郵政局外面,林萬霖忽然拔槍指向他們。三人不敢激怒林萬霖,舉高了雙手,假意要投降。

林萬霖走向許崇楷探員,要取走他的佩槍。許崇楷探員奮力掙扎,轉身飛跑。槍聲跟著響起,許崇楷探員當場中彈,不過,他並沒有馬上倒下,他忍痛站了起來,拔出佩槍還擊,子彈卻射偏了。

林萬霖接著連開多槍,子彈近距離又打中了許崇楷探員,要了這名勇探的命。

緊接著,又是一場警匪交戰。

在滾亂中躲在一輛摩托車後面的張炎順探員,這時捉準了

機會，拾起了倒在血泊中的許崇楷探員的槍，追趕逃跑的林萬霖。

兩人邊跑邊開火，追逐約 100 公尺後，林萬霖登上計程車準備逃走。

林萬霖坐在計程車內還火，開槍之後，他又跳出計程車，拔腿狂奔。

張炎順探員追了上來，一把捉住林萬霖，正要開槍對付這名大盜，才發現槍內的子彈已經用盡。

林萬霖則趁這個時候掙脫，轉身便開槍。可能他的子彈也用完了，開的竟然是空槍。

這時，另一名探員張安興也趕到了，他與張炎順探員，雙雙赤手空拳緊追林萬霖。且戰且退的林萬霖，詭計多端，飛快地躲進了凡爾登路一家咖啡店內。

兩名探員摸不到虛實，不敢貿然犯險，在咖啡店附近商量捉拿林萬霖的計策。

可是，等到他們互相掩護衝入咖啡店時，林萬霖已經蹤影全無。他早已從後門，威脅一名計程車司機，載他到勞明達街逃跑了！

連場槍戰，四度跟蹤，結果是一死二傷，警方大表震怒，把林萬霖列入第一號通緝要犯。

許崇楷探員殉職，驗屍顯示，他中了三槍：一彈從胸口透過心臟、穿肺入腹；一彈中前額入腦；一彈打中臉部。

千面盜末路

警方事後把捉拿林萬霖的賞金由 2,000 元增至 5,000 元，不到一年又增加到 1 萬元。這個賞金在當時算是最高的。除此，警方也要求國際刑警組織協助追緝。

不過，儘管警方已布下緊密的線網，並且在各報章與電視臺釋出林萬霖的照片，可是，他在左躲右閃的逃亡歲月中，還連續犯下多起大劫案。

最轟動的是柔佛州財政署的大劫案。45 萬元鉅款被劫，守衛槍被奪，人被殺。林萬霖與五盜登上停放在新柔海峽的快艇逃回新加坡。

陸上奪槍，海上逃遁，計劃周詳。

之後，兩地警方連串突擊，多名嫌犯落網，林萬霖與另一盜則不知所終。於是，馬來西亞警方也發出通告，通緝林萬霖。

由於林萬霖「神通廣大」，經常在做案後，利用偽造的旅遊檔案，潛逃到臺灣、香港、印尼與泰國等地，新馬警方也透過國際刑警組織，發出通緝令。

就算到了 70 年代，也還沒有一個新馬的暴力罪犯，像林萬霖那樣，勞師動眾，受到國際刑警的「垂青」，把他列入通緝名單。

黑道人物都把他當作是「英雄」。由此可見，他不但是極不容易對付的亡命之徒，跟他碰頭周旋，隨時都會喪命。對付他，也只有以命搏命！

難道警方對這樣一個公然向法紀挑戰、危害社會的雙槍千

面大盜就此束手無策,任由他呼風喚雨?

答案當然是——絕不!每間警署都張貼著林萬霖放大的照片,每個警方人員都有一張他的大頭照,都熟記著他的形貌與特徵。

每個警方人員也接到命令,在面對林萬霖時,千萬不可輕舉妄動,孤身犯險;每個市民,也閱讀了警方透過報章的呼籲,千萬不可窩藏這名大盜。尤其要謹記的是:一發現他的行蹤,馬上撥電 999,切勿私自採取行動。因為,他是身懷雙槍極端危險的人物!

◆ 四

時光匆匆,轉眼已是 1972 年。

林萬霖已經逃亡了九年,警方追緝他也追了九年。

8 月,萬眾歡騰的 8 月。執法人員仍然馬不停蹄,鍥而不捨地追緝作姦犯科的罪犯,包括他們始終未能忘記的「頭號敵人」——林萬霖。

武吉班讓警署刑事組接到了一個可靠又寶貴的線報。有兩名通緝犯在荷蘭路一帶出現。

他們是誰?其中一個已查明是十大通緝要犯之一的「豬仔」。

豬仔原名蔡亞九,32 歲,未婚。他出生於荷蘭路附近莎樂巷的蔡家村內,家境貧苦,務農為生。他在家排行最小,上有

📷 千面盜末路

四個兄長及兩個姐姐。

又名阿肥、阿狗和阿丹的豬仔，只受過六年的小學教育，因家貧輟學。只有13歲的豬仔在友人的介紹下，到肥皂廠當雜工。四年後，他辭職當建築臨時工。

工作環境的「汙染」對只有受過小學教育而又不知人間險惡的豬仔，起了重大的影響，他慢慢好的不學，專學壞的。

1953年，14歲的豬仔非法擅自闖入私人禁地被捕，被告上法庭後，無事獲釋。

1967年，他因在花拉路經營地下賭館，被警方援引刑事法令臨時條款扣留，11天後獲得釋放。

在警方的檔案中，豬仔是24私會黨派系「義海金」的活躍打手，在花拉路與荷蘭路一帶橫行。

1971年，豬仔結伴犯下兩起嚴重劫案。

一起發生在絲絲街祺福船務公司前面，劫去1萬5,000元，開槍兩響，擊傷一名職員右腿；另一起發生在如切路，集合公車公司出納員在槍尖下被奪6萬元。

最令警方關注的是：他曾在1968年與林萬霖等一夥，搶劫柔佛州財政署45萬元及槍殺一名守衛員。因此豬仔也是新馬兩地警方「見到就捉」的通緝犯。

一個月前，立達路下段工業區環球電子廠辦事處被搶，失款6萬8,000元。據目擊者形容，其中一名歹徒就是豬仔，另一人有點像是林萬霖。

這次線報中所透露的兩名通緝犯中的另一個神祕人物，會不會就是九年來神出鬼沒的林萬霖呢？

不管是不是林萬霖，只要是警方列入十大通緝犯的「人物」，都是窮凶極惡、身懷槍械，絕不容易對付的盜匪。對付這些非等閒之輩，警方可真大費周章。

不管如何，事先的部署，迎敵的策略，臨場的應變，都要精打細算，計劃周詳。既不能勞師動眾，打草驚蛇；也不能驕兵輕敵，損兵折將；更不能草率行事，殃及無辜。

這一次，警方又將採取什麼行動，來擒捕這兩名通緝要犯？那個神祕人物，是否就是槍法如神的林萬霖？

這一仗，結果又將如何？

◆ 五

1972年11月24日，下午2時。

可靠情報又來了！

兩名通緝犯出現的地點已經有了眉目，那就是：女皇鎮聯邦道金都戲院附近。

這一帶夜裡熱鬧繁忙，多家金鋪排列成行，又有夜市。金鋪是強盜最喜歡下手的目標。

看來，這次的情報可假不了。因為，捉拿林萬霖的賞金又提高到1萬7,000元，這對黑道上的線人是相當有吸引力的。

千面盜末路

安排伏擊人馬的是武吉班讓警署的署長愛德華代副警監。當時，有三個說法：

一種說法是警方無法確定與豬仔一起的神祕人物就是林萬霖。當時，林萬霖在臺灣與澳門藏匿了多個月後，山窮水盡，因此，捲土重來。

另一種說法是警方高層已知那是林萬霖，祕而不宣是因為擔心加重圍捕人員的心理壓力，或者令他們太過「興奮」，影響他們的情緒。

最後一種說法是對目標人物保密的目的是志在必得，絕不讓林萬霖聽到絲毫風聲，捷足先逃。

由於這是最高機密，警方未曾公開說明，至今還是個謎。

當晚 7 時 30 分。

愛德華代副警監穿著花衣，配上花紋短褲，以便裝出現在金都戲院附近。他親自出馬，帶了刑事主任顏星助理警監、黃添盛警長、周金爐警探、陳金利警探以及另一名刑警，喬裝成咖啡店顧客，分兩組人，各占一桌，靜觀其變。

8 時 20 分。

情報中的目標出現了，一共有兩人，他們從金都戲院後面走出，並肩朝連線馬格烈通道與聯邦道的小路走去。

星黯淡，月無光，路黑漆。

「來了，來了！」

愛德華代副警監站了起來，打了個準備採取行動的訊號。

黃添盛警長、周金爐警探與陳利金警探一起站了起來，急步以「品」字形的包圍方式，暗中跟上已經繞過停車場、跨過小水溝的兩個目標人物。

　　愛德華代副警監等四人則從另一條小路繞到前頭，準備封鎖目標人物的去路。

　　兩組幹探採取的正是前後夾攻的陣勢，因為小路的左邊是一道圍牆，右邊停放著一些車輛。目標人物向左無法突圍，向右則阻礙重重。

　　就在黃添盛警長這一組幹探跟蹤兩個目標人物，雙方相距六公尺的時候，像逃亡中的獵物嗅到獵人般，兩名目標人物似乎已察覺情勢不妙，雙雙忽然加快腳步，分頭欲跑。

　　跑在前面的正是豬仔，後面的那人個子矮壯，他放慢了腳步，態度十分鎮定。

　　微弱的月光下，這名神祕人物剛好站在圍牆的陰影之下，看不清他的廬山真面目。

　　周金爐與陳利金兩名警探，雙雙撲往豬仔。周金爐攔腰一抱，迅速拔槍，指著豬仔的肚子，喝道：「我是警方人員，你最好別亂動！」

　　陳利金警探慢了一步，他轉頭望了望走在豬仔後面那矮壯的男人，對方的左手，好像有所行動，在腰間快速晃動……

　　砰……

　　槍聲響起，子彈疾飛。

千面盜末路

陳利金警探覺得胸前一陣疼痛,像是被一粒石子擊中,他悶哼一聲,向右橫跨兩步,躲在一輛貨車後面。

他無暇思考,馬上運用幾天前剛學會的 FBI(美國聯邦調查局)的槍法,半蹲著身子,連開了兩槍。

這時,左手本來已經環抱「豬仔」的周金爐警探聽到背後傳來槍響,一來擔心同僚的安危,二來因豬仔趁機發難,奮力頑抗,他不禁左手一鬆,豬仔健步如飛,由右邊停放的兩輛車之間穿出,橫越馬路,朝人多的夜市方向跑去。

周金爐警探則來個急轉身,剛好跟開槍射擊陳利金警探的那男人面對面。

「快槍制敵,要注意的是握槍的手,而不是槍手的面孔,生死就在那分秒之間!」

三天前 FBI 槍法導師所講的話,閃過周金爐警探腦海的那一刻,他飛快地開了一槍。

說時遲、那時快,他跟陳利金警探前後開的三槍都是在數秒的電光火石的剎那間射出的。

矮壯的男人連退幾步,最終在 10 公尺外,撫胸倒下。

周金爐警探與陳利金警探一鼓作氣,雙雙朝豬仔追去。豬仔邊跑邊放槍,周金爐警探與陳利金警探也拔槍還火,直到豬仔在人群中消失,為了怕傷及無辜的民眾,兩名警探止步收槍。

這時,陳利金警探才赫然發現胸前的衣服已破,近胸口處皮膚發紅,隱隱作痛。

「真是上帝保佑！」他心中暗道。

一旁的周金爐警探則為同僚的死裡逃生、吉人天相感到寬心。

愛德華代副警監帶領的另一組警員也已經趕來，黃添盛警長由渾身是血的矮壯男人的左手，拿出了緊緊握著的左輪。左輪內有六枚子彈，一枚是空殼，子彈已射出，另一枚開過，卻沒射出。

男人的褲袋內還有七枚子彈，腰間的袋內則有六枚槍彈。

他身上有一本以中文書寫的日記簿，袋裡只有一元四角的零錢。

一臉的滄桑歲月刻痕，依稀是九年前林萬霖的樣貌，身分證後來證實是從寶龍崗一帶做案時偷來的。

警方緊急召來曾經跟林萬霖「交手」的一名探長陳金海，憑著當場套取的指紋，以及辨認他手上的刺青，那刺青是「小義和」的標記，而林萬霖正是「小義和」的老大。

他果然是林萬霖！

他生前搶劫所得最少有 250 萬元，死時袋內剩下不到 2 元，一時的風光，收場卻如此慘淡！

◆ 六

林萬霖的槍法，不但為黑道人物津津樂道，也是警方人員大感棘手的。他先發制人，一槍打中陳利金警探的前胸，可

千面盜末路

是，對方卻安然無事，為什麼？

是陳利金警探吉人天相，命不該絕？還是林萬霖惡貫滿盈，邪不勝正？

軍火槍械專家在驗屍庭上揭開的真相是：林萬霖槍內的頭兩枚子彈都是有問題的。可能是太久沒發射，彈道失靈，也可能因為子彈太舊。

第一枚子彈彈頭射出乏力，如同虛發，只是像石子般，擊得陳利金警探皮膚發紅；第二枚子彈則有缺陷，槍雖然開了，子彈卻卡在槍管內，無法射出。

窮途末路，又碰到兩彈虛發，林萬霖可說是氣數已盡，命該如此！

周金爐與陳利金兩名警探快速還火的槍法是林萬霖始料不及的，要不然，他開第三槍的結果會是如何的一個局面？誰能說得上？

飲彈身亡的林萬霖一共中了三槍。陳利金警探的兩槍，一彈射中林萬霖的小腹左邊，另一彈打中他的右臂之下。周金爐警探的一槍正中林萬霖頸後右側，子彈穿過頭部直透鼻梁骨。

滿身攜帶子彈，而且生前口口聲聲要跟警方交火，林萬霖並沒說謊。但最終子彈多數都無法派上用場。「警方只能夠替我收屍！」

林萬霖一語成讖。

由不得他做主的是：他無法自己吞下最後一枚子彈，而是

喪命在執法者的槍下！

林萬霖終嘗惡果，他的死黨豬仔的下場又如何？

豬仔究竟逃往何處呢？

◆ 七

林萬霖伏誅後的第 23 天。

1973 年 12 月 17 日晚上 9 時 25 分。

中央警署的巡警范富強、蔡金成與張振南共乘警車，開往烏節路巡邏。經過端蒙中學對面登路停車場時，蔡金成警員發現一個肥胖的男子，在一輛汽車旁邊徘徊。

偷車？

張振南警員把車開入停車場，蔡金成警員與范富強警員則悄悄採取前後截查的行動，「夾」著這個胖子。

蔡金成警員問：「老兄，你在做什麼？」

胖子默不作聲。

蔡金成警員示意范富強警員對胖子搜身。

胖子忽然左手曲掌貼近腰部，轉身面對范富強警員時，右手多了一把槍。

槍聲一響，子彈由范富強警員的頭右側飛過。接著，胖子朝國家劇場的方向奔去。

蔡金成警員與范富強警員緊追不捨，同時高喊「不要跑」！

千面盜末路

沒想到，胖子忽然轉身，朝蔡金成警員連開兩槍。

蔡金成警員閃到一棵大樹後面，連發五槍。當中三彈打中胖子，只見他腳步踉蹌，走起來歪歪斜斜……

跑過馬路對面的范富強警員也朝胖子開了兩槍。

跌跌撞撞往前跑了 10 公尺左右的胖子，最終雙膝跪倒，吼叫一聲，右手舉槍，向自己的頭部開了一槍！

腦漿塗地，胖子斃命。

30 分鐘後，刑事偵查局人員趕到，證實他正是在女皇鎮金都戲院突圍的豬仔！他的袋裡還有 10 發子彈，400 多元以及一些戒指、金鍊及名錶。

豬仔原名蔡亞九，巧的是蔡金成警員又名也叫蔡亞九。換言之，是蔡亞九開槍打死蔡亞九。

他伏誅時，父母親已經 80 多歲了。父親老淚縱橫地告訴警方人員，豬仔已經四年沒回家了，他交上壞人，四處做壞事，走上了不歸路。

豬仔是林萬霖後期的得力助手，是警方當年通緝名單中名列第 5 的要犯。

跟林萬霖不同的是：豬仔自食其果，吞下了自己的子彈。這點，倒是出乎警方意料之外。相同的是作姦犯科、為非作歹的下場是悲慘的。

犯罪是不划算的，付出的代價有時就是 —— 寶貴的性命！

這不是老生常談，也非陳腔濫調，而是有例可尋的鐵證。

八

　　林萬霖死在警方槍下，在出殯時，頗為「風光」。由於靈車上的遺照一副滄桑老態，跟警方釋出的通緝照片上意氣風發，完全是兩個樣，結果引起了種種猜測。

　　其實，林萬霖被警方追緝時不到23歲，伏誅時已經32歲，九年多的亡命生涯，東藏西躲，歲月消磨，模樣肯定大變。令警方起疑心的倒是他靈車上老態的遺照，他不是跟家人失去聯絡多年，何來「近照」？難道是他易容所拍的？還是他透過其他管道寄給家人⋯⋯

　　因此，在他出殯那天，警方廣派便衣探員到場，暗中監視是否有黑道人物或他的漏網同夥出現，連林萬霖的墓，也派探員在夜間巡邏。

　　另有傳聞指林萬霖「劫富濟貧」，因此家人與黑道「兄弟」十多年來每年都刊登悼念他的啟事。警方說那是一派胡言，是把神祕的黑道人物英雄化的毫無根據的傳聞。因為在警方傳問大成巷居民的口中，他們都對林萬霖的橫行霸道很反感，說他好賭好鬥，脾氣很壞，動輒打人，疑心又重，難以接近，又怎麼可能「濟貧」？

　　消息透露，林萬霖每回做案之後，不敢回去大成巷「小義和」分部，而是藏匿在「小義和」格蘭芝路的總部，但他始終因為信不過別人，怕被出賣，便持著假護照，逃亡印尼、泰國、

澳門與臺灣等地。尤其是澳門，他搶劫來的錢，幾乎全在賭桌賠上了，哪有閒錢「濟貧」？

他伏誅的幾天前正是從澳門的賭場回來，因為口袋空空，興起了搶劫金鋪的念頭，沒想到最終被線人出賣，事蹟敗露，亡魂執法人員槍下。

除此，工欲善其事，必先利其器，林萬霖即使有閒錢，相信他會購買更新款的槍械或軍火，方便做其「大生意」，怎麼可能讓子彈卡住，射不出來，即便射出，也乏力無殺傷之力。

另一方面，他躲避警方的追緝，日夜提心吊膽，連逃亡的時間也不夠，又何來時間「濟貧」？

他到最後，其實已經無計可施，走投無路了！

七鷹戰槍匪

綽號「黑龍」，又名「阿發」的槍匪，殺了一警一民，是 80 年代轟動全城的「危險人物」。他精通武術與巫術，槍法如神，易容術更勝「千面雙槍盜」林萬霖。

刑偵局菁英齊出，花了 28 個月，調動了 200 警力，最終在 1988 年一場圍捕行動中，9 槍要了他的命。

七鷹戰槍匪

1988年勞動節過後的一個星期，5月8日清晨，細雨紛飛，冷風透窗，一通電話，喚醒了各報意外新聞組記者的美夢。

「通緝犯阿發被警方打死了！」

警方發言人的通報，興奮的語氣，振奮了記者。

其實，在這之前，我已經接獲「情報」，知悉警方已開始部署一項「獵匪行動」……

◆ 一

七鷹飛，齊獵匪。

獵匪七菁英的名單，此刻正放在刑事偵查局局長蔡子益助理警察總監前面，他們是：

梅農副警監：重大罪案署署長，服務警界32年，單單在刑偵局已經超過13年。他曾任特別罪案調查組主任和取締組主任，60年代大破專劫銀樓的「吉打」黨，導致10個劫匪落網，使他名噪一時。

獵匪行動中，他負責收集情報。

洪彰德副警監：取締組主任，服務警界23年，曾任私會黨組主任，黑道線網，瞭如指掌。他曾與槍匪「黃飛鴻」周旋8個小時，救出被挾持當人質的19個月大的男童，把「黃飛鴻」繩之以法，送上絞臺。

他是獵匪專案小組的組長，負責策劃圍捕行動。

許良泰警長：洋名史蒂芬，警方特務突擊隊隊長，數一數二的警隊神槍手，是圍剿暴力犯的「開路先鋒」。26年前投身警界的第一天起，他便忠心耿耿地堅守在鎮暴隊與特遣隊，是警方的鎮暴老手。一槍擊傷橫行新馬兩地的悍匪「黑痣」，黑痣負傷開槍自殺，這場警匪戰營救了滿車被當人質的公車乘客。

他奉令在獵匪行動中，暗攜輕機槍，在危急的必要關頭，掃射「目標人物」。

張昭明探長：在裕廊警署當了一年的警長之後調往刑偵局，三年在特別罪案調查組，兩年在私會黨調查組，後跳槽取締組。1985年，他偵破里峇峇利路一起分屍案，精力十足，被形容是刑事案的後起之秀。

徐光田探曹：特別罪案調查組的「拚命三郎」，加入警界21年，三度與槍匪搏鬥。其中一次，單身制服一名雙槍悍盜。

賈米爾警員與溫保成警員：他們都是特務突擊隊的阻擊手。通緝要犯「黑痣」的圍捕行動中，兩人表現傑出，令警界高層刮目相看。

七菁英，個個不是獨當一面的罪犯剋星，便是阻截與追擊高手，他們這回齊集一處，顯然是有重責在身，而且一定是步步危機的任務！

七菁英，豈非像50年代末期令私會黨徒與黑道分子聞風喪膽的「蒼鷹行動」中的蒼鷹，凌空飛旋，尋獵目標。這回的目標又是何方神聖？是飄蕩無蹤的狡狐？還是敏捷凶殘的黑豹？

七鷹戰槍匪

都不是!

他好像一尾毫無目的、橫衝直撞、凶暴急躁的泰國鬥魚。

他就是被警方列為頭號通緝犯的「阿發」!

警方形容阿發是繼「千面大盜」雙槍林萬霖之後,最棘手的危險人物。追緝阿發,刑偵局幾乎菁英齊出,花了整整28個月,調動了多達200餘人,真可說是勞師動眾。

這個身懷槍械、槍殺了兩條人命的阿發究竟藏匿在何方?

阿發第一次在警方黑名單「榜上有名」是在1985年。

當年4月2日晚上。

里峇峇利路,打著「吳郭魚」醒目招牌的怡保美食店內,43歲的老闆陸國楠笑容滿面,忙著招呼顧客。

一個個子高大、古銅色皮膚、頭戴紅色摩托車安全帽的男子走了進來,要了一包怡保河粉。付了錢後,男子離去。沒一陣子,他又折返。

他一臉怒容:「塑膠袋壞了,汁流了出來,喂,快給我換新的!」

陸國楠連聲對不起,轉頭吩咐夥計換過一個塑膠袋。男子卻揪著陸國楠的衣領,把他拉到店外一個角落。兩人在激烈爭執。

砰!

是槍聲。

坐在一公尺外的老闆娘雲慧顏心頭大震,奔出店外一看,

只見丈夫口、鼻與胸都是血，開槍的男子已匆匆逃走了。

查案人員接獲報告趕到時，從男子棄置的摩托車查出，車子是兩天前報失的。

查案人員雖然從摩托車的油箱與望後鏡採錄了一些指紋，可是，刑事偵查局罪犯檔案組內，找不到相同的指紋紀錄。換句話說，凶手沒案底。也就是說，阿發沒前科。

警方的查案工作，一時猶如瞎子摸象，存在著無數的不確定。

陸國楠被槍殺的動機不明，凶手背景警方也沒對外界披露。

轉眼過了8個月。

1985年12月18日。

巴耶利峇警署的王順泉探曹帶了吳亞仔及黃文鴻兩名警探，共乘警車在後港一帶執行取締罪行的任務。

晚上9時30分，車內無線電對話機傳出了警訊：「快到阿魯舒道20號，那裡發生了一起劫案。」

那是一間舊連棟房屋，警車停下，招牌製造商楊祥成報案說，妻子阿嬌的手提袋被搶了。他還說，他認得劫匪。

王順泉探曹請他上警車，一起尋匪蹤。楊祥成說：劫匪名叫阿發。

原來，兩個小時前，楊祥成的租戶阿發，一身酒味，亂發脾氣，跟楊祥成夫婦發生爭吵。不久，楊妻發現手提袋不見了，阿發神色匆忙，開了紅色跑車走了。

七鷹戰槍匪

警車來到惹蘭柏利卡，紅色跑車在望，一個高大的男子正開門走下。

「就是他，他就是阿發！」楊祥成咬牙切齒地說。

三名警探下了車，那男子繞過了一條大水溝，再朝羅弄阿蘇第 122 座公共房屋旁的小木橋走去。

黃文鴻探員先由大水溝旁追去，王順泉探曹以福建話高喊：「快停下來！」

吳亞仔探員則站在王順泉探曹旁邊。

警匪相隔不到 10 公尺，夜色頗暗，天際無星。

在逃的男子忽然止步，飛快轉身，左手已經多了一把槍。砰！

王順泉探曹聽到吳亞仔探員喊了一聲，身形搖晃，向一旁倒下。

「你怎麼啦？」

王順泉探曹扶著吳亞仔探員，發現他的胸部血流不止。「啊，我中槍了，別⋯⋯管我，追⋯⋯」

王順泉探曹心急如焚，抬眼望去，同僚黃文鴻探員站在第 126 座公共房屋徘徊，開槍的男子已不知所終。

吳亞仔探員緊急送院，因傷勢過重，在當天凌晨時分殉職。

40 歲的吳亞仔探員，又名吳艾傑，因他嫉惡如仇，又愛看王羽主演的武俠片，同僚都叫他「王羽」。他畢業於育英中學，1965 年投身警界，立功無數，前後獲頒 16 張英勇獎狀。同僚如此形容他：喜扶弱助幼，辦案時奮不顧身。他留下妻子與兩個孩子。

查案人員在吳亞仔探員被槍殺後，徹底搜尋阿發在阿魯舒道所租的房子，希望能從蛛絲馬跡中，找到破案的線索。

房內一團混亂，衣物散落一地，夾雜著垃圾，臭味撲鼻欲嘔。單人床上放著一本西洋小說，書名是《臥底神探》。作者是美國紐約市的一名警探。

引起查案人員注目的是在桌子上、椅子上、架子上，甚至火爐上，都擺放了一罐罐的玻璃罐子，罐子裡都是凶狠好鬥的泰國鬥魚！

34個罐子，各自養了一條鬥魚。這些鬥魚，正朝罐子的邊緣猛衝狂撞，像是失去了理性，又野又狠！

阿發豈非一如他所養的鬥魚？

由事主的描繪，做案的手法，查案人員初步推斷，陸國楠遭槍殺案的凶手，跟射殺吳亞仔探員的槍手，極可能是同一個人。

他，顯然就是阿發！

負責查案的張昭明探長由介紹阿發租房的友人口中，探悉阿發自稱來自馬來西亞的吉打州。

阿發說，他學過泰國巫術，在房內設了個祭壇。他也向友人吹說他擅醫奇難雜症，當過乩童，也會「解降」驅魔。

屋主楊祥成的妻子阿嬌信以為真，曾經帶了疑中「降頭」的外甥女給阿發醫治。幾次「解降」儀式進行之後，阿發竟然要楊太太的外甥女脫下褲子讓他施法。楊太太開始覺得不太對勁，

拒絕所求，不再讓外甥女給阿發解降。阿發因此氣在心裡，三杯下肚，便找楊太太吵架。

殺警案發生的兩天後，中央警署一名探員帶來了一個情報——阿發不是馬來西亞人，而是土生土長的新加坡人。就這樣，阿發的身分與地址都被揭開了！

查案人員相信阿發開槍殺警的原因，很可能是以為警方已經查出他是殺死陸國楠的凶手，因此在畏罪潛逃之下，他決定先下手為強。

一個「獵匪」專案小組亦告成立。

阿發還是無影無蹤。最主要的原因是：他既無黑社會背景，黑道線人對他一無所知，警方也無法從舊檔案中，搜獲更多與他相關的資訊。

專案小組唯有從他的交遊範圍著手調查，傳召他的親戚朋友、軍中同袍以及僱主和工友問話，以掌握更多他的習性與經常出沒的場所等資訊。

連串的埋伏，連番的突擊，希望有所突破。可惜的是疲於奔命，徒勞無功。

二

「獵匪」專案小組形容阿發狡計多端，機警靈敏。

傳言一直困擾著專案小組。有人說阿發武功高強，尤其是

那招「奪命連環腿」；也有人說他的泰國拳深具殺傷力，可以以一敵五；更有人說他擅長養「小鬼」，又有「靈符」護身，刀槍不入。

最教專案人員提高警惕的是：他易容術之高妙，不遜「千面大盜」林萬霖，還有他的左手槍法，又快又準。

馬來西亞警方傳來的情報指出，阿發涉及軍火交易，1985年底曾經賣槍給三個在森美蘭州落網的劫匪。這些附加在阿發身上的神祕色彩，經過調查之後，無法一一證實。

不過，為了慎重起見，專案人員對任何線索與風聲都沒放過，都派人分析與跟進。

阿發的藏身之處也出現兩個版本。其一，他剃光了頭髮，躲在某寺廟「修行」；其二，他潛入柔佛州新山，深居簡出。

專案小組搜遍全島大小的地下賭窟，尤其是奧雲路與吉真那路一帶，也突擊了多個建築工地，還查詢了直落布蘭雅及光明山一帶的寺廟，但始終不見阿發。

警方除了把阿發的通緝照片分發給各報與電視臺《繩之以法》節目中公布之外，也依據所收集的資訊，拼出了兩張他在易容後的拼圖，分發給各警署的刑警。

一張戴眼鏡，一派斯文；一張留鬍子，形貌粗獷。可以肯定的是：他在犯下兩起血腥謀殺案後，居然裝扮成痲瘋病人，前往板橋醫院後面的痲瘋病院求治，並在附近租房「避難」。

1986年5月，刑偵局屬下肅賭組人員在醫院附近的羅弄萬國

七鷹戰槍匪

展開取締外圍賭馬的行動時,揭開了阿發喬裝癲瘋病人的祕密。

由於每個刑警都有阿發的通緝大頭照與拼圖,當肅賭組人員叫多名賭徒「看圖認人」時,他們都一眼認出,那個經常來聚賭,行蹤鬼祟,沉默寡言的癲瘋「病人」就是阿發!

「獵匪」小組接獲通知趕到,已經遲了一步。

原來,早在 1985 年 12 月,吳亞仔探員遭射殺後不到一個月,阿發已經裝病藏匿,這個地點離開案發現場不遠,而且在專案小組趕來的三天前,他已退房離去。

躲在癲瘋病院內,豈非是最安全的地方?阿發可真詭計多端,又膽大包天,而且還行事詭祕,出乎人意料之外!

專案小組只在他住的租房內,尋獲一本西洋小說,書名是《殺鳥記》。書中所提的鳥,擅於模仿,阿發閱讀此書,用意何在?令人費解。不過,那鮮紅注目的「殺」字卻令專案人員不寒而慄!

是的,有槍在身的阿發一旦遇到警方人員時,隨時都會以命搏命,因為,他已經觸犯了面對死刑的謀殺案,奪取了兩條無辜的性命。因為,他已經走上了不歸路!

◆ 三

警方的線人有兩類。一類是可拿「暗紅」(賞金),但要「註冊在案」;一類是不拿「暗紅」,但有特定的附帶條件。

「獵匪」專案小組先後接獲六個線報。其中一個透露，阿發將到牛車水一間中藥行「取貨」，專案小組埋伏終日，一無所獲。

1987年9月。

線報說，阿發會到宏茂橋第123座公共房屋女友的家拿東西，專案小組苦候了一天一夜，未見阿發。

據傳，皮膚黝黑的阿發在那一次裝扮成馬來人，竟然在專案小組幹探的眼皮下，從容突圍逃去。之後，專案小組又在同座公共房屋布局，準備誘捕阿發。他們埋伏在阿發女友住家對面空置的房間內，緊盯目標⋯⋯

誰知，滿腹詭計的阿發，以一本泰國文字的書籍，聲東擊西，由窗戶拋進屋內，引起警方開槍後，他趁亂急步逃走。

1988年1月，又一情報指出：阿發在東陵福一帶出現。同年2月，情報又指阿發潛入了豐盛港。

兩次突擊，兩次落空。

第六個情報來了，這個線人是梅農副警監的「老友」，兩人已經有15年的「交情」。

那是1988年4月22日。

這名領取「暗紅」的線人給的情報是：阿發經常在金文泰斜陽大道第105座公共房屋樓下的順利發餐室吃早餐。線人還透露，阿發逃亡了兩年多，雖然風塵滿臉，形貌憔悴，愈見瘦削，但樣子還是跟通緝名單上的照片相差不遠。

梅農副警監把線報呈上刑偵局局長蔡子益助理警察總監。

◆ 四

在「獵匪」專案小組的特別會議上，專案人員對線人提供的線報，每個細節都詳加分析、推敲與研究。結果，他們都臉露喜色，相信這次的線報正確無誤。

原來，阿發的左手有點彎曲，抽吸香菸的習慣有個異於他人的特點：把香菸夾在無名指與尾指之間搖晃，任由菸灰彈落。

這兩個特點，線報上說得特別詳細。那個人幾乎肯定是阿發！

為免打草驚蛇，「獵匪」小組決定不動聲色，先探察四周的環境，最後是部署圍捕行動。

「獵匪七鷹」候命待發。

梅農副警監：繼續與線人保持聯絡，以確定阿發現身的時間。

洪彰德副警監與許良泰警長一組，負責阻截阿發右方的去路。溫保成探員則故意在阿發左方經過，轉移他的視線。

張昭明探長與賈米爾警員一組，站在阿發後方，封死他的退路，以防他從餐室後門溜走。

依「獵匪」小組的原定計畫是：由徐光田探曹先設法捉緊阿發那隻「要命」的左手，然後，由洪彰德副警監與許良泰警長雙雙撲前，一齊活擒阿發。

「獵匪」小組畫了近 10 個行動計畫的圖解，而且「演習」了好幾遍。他們決定在上午 8 時以前動手，因為，那個時段，餐室出入的顧客不多，行動容易展開，也不會傷及無辜與驚動

民眾。

4月27日。

情報又來了：阿發要露面了！

負責行動的「獵匪」小組的七菁英紛紛穿上防彈衣，蓄勢待發，準備一擊中的⋯⋯

時間分秒飛逝，阿發仍然無蹤。

莫非情報失誤？

小組菁英臉上微露失望之色，精神開始有點鬆懈。梅農副警監堅信他的線人的情報是十分可靠，非常準確的。

28個月的追緝所花費的精力與時間，可不能毀於一旦，萬一阿發真的出現，豈不是痛失良機，白費工夫，往後不知又要花多少警力與時間才能把他逮捕？

想起林萬霖逃亡了9年才伏誅，「獵匪」小組又再打起了精神，決定堅守職位「守株待兔」。

比狡兔還機靈的阿發此刻究竟身在何處？

◆ 五

獵人追獵，心疲神傷；獵物被追，心驚膽跳。個中滋味，皆不好受。

時間對亡命之徒來說，漫長難捱，模糊不清。草木皆兵，一有風吹草動，飛步逃跑都還來不及，又豈有閒暇，細數逃亡

七鷹戰槍匪

的歲月？今夕何夕？

阿發音訊全無。

1988年5月8日。

一線曙光穿透金文泰12街一座還在興建中的公共房屋工地。

凹凸不平，尚未鋪上水泥的粗糙地板上，睡著雙眼滿布紅絲的阿發。

躲在這沙塵滿屋的工地已經有八個星期，阿發的內心其實是焦悶、急躁與不安的。好幾次，他夢見獵人——警方人員緊追著他，然後是一連串的槍聲，他全身都是血……

惡夢驚醒，冷汗浹背。伴著他的是一個藍色的帆布袋，這也是他的枕頭。他身上還是穿著第一天逃亡時的衣服——灰色的長袖衣及藍色的長褲，衣褲都染滿了灰塵，也開始褪色發白。他連內褲也懶得穿上——在一次聽到警方人員前來突擊時，他嚇得連內褲也來不及穿上便拔步狂奔。

為了方便逃跑，他索性不穿內褲了！

他關心的是那把0.22口徑的左輪，那是他花費了500元從曼谷買回來的。左輪內有兩枚空彈殼及四枚未發射的子彈。

左輪緊貼他的右大腿，他覺得一槍在手，才夠威風，因為，槍代表權力——有誰在槍尖下不低頭？

國民服役時，他的槍法並不好，胡亂開槍，常交白卷。

退役17年後，浪跡江湖的結果，他開了兩槍，取了兩條性命。

陽光的光線開始灑滿工地，他不得不起身，背起了帆布袋。袋裡放著一個摩托車安全帽、三把鑰匙、一個指甲剪、兩個打火機、一包香菸、兩副摩托車車牌、一根鐵鍬、三把螺絲起子以及一副黑色的女人假髮。

這些東西，不是破門行竊的工具，便是易容逃跑的配備。

拉了拉藍色的褲帶，感覺褲頭鬆了些。阿發不禁嘆了口氣。原本 80 公斤重的粗壯體魄，經過 20 多個月的東藏西躲，日夜驚心，如今消瘦得只剩下 63 公斤。

獵人又要追來了？

他暗笑自己越來越膽怯，捕風捉影，自己嚇自己。

肚裡咕咕作響，催促他應該是吃早餐的時候了。白天人多，他通常匆匆扒了幾口飯，等到晚上，或者一大早人較少時，他才吃得心安。

由金文泰路走入斜陽大道，一群上了年紀的長者在草地上，打著氣功十八式。

他忽然間想起了老母親。自開槍打死美食店老闆陸國楠後，已經好幾年沒回家了。

那時，母親不知道他犯下了血腥罪行，他告別母親時撒了個謊，說是要到馬來西亞做生意。

清晨 6 時 30 分。

他走進斜陽大道第 105 座公共房屋樓下的順利發餐室咖啡店內。他選了個靠近後門出口的座位，叫了杯濃厚的咖啡。

七鷹戰槍匪

　　他沒忘記自己是「獵物」，機警地四周觀望，店內只有八張桌子，坐不到 10 個人，都是小吃攤位的攤主、咖啡店助手，以及提著菜籃的家庭主婦。

　　他放心了，喝了口咖啡，叫了碗粿條湯。

　　四名男子從店前走了進來，一個穿著藍色汗衫與短褲，背了個長形的藍色布袋，另外三個是工人打扮。

　　其實，還有兩名男子從後門悄悄入店，阿發完全沒察覺。

　　可是，像是野犬般的嗅覺令他嗅出一些不對勁的味道。

　　普通建築工人的臉上，怎麼會有如此精悍鎮定的神色，尤其是其中兩人，目光如炬，像是可以透視他內心的祕密！

　　阿發不禁心慌，抬眼前望：前面是塊野草橫生的土堆，那土堆活像個墳墓⋯⋯

　　墳墓！

　　這兩個不祥的字眼剛剛閃過他的腦際，有人拍了拍他的左肩。

　　心緒不定的他，幾乎整個人跳了起來！

　　「別動，我們是政府人員！」

　　政府人員！獵人終於來了⋯⋯

　　阿發準備縮回左手拔槍，但整隻手已被人捉牢。

　　怒吼了一聲，他猛力向前衝，一頭直撞，活像一尾不顧死活的鬥魚！右手探腰，他迅速拔出左輪，拉動了板機⋯⋯

　　砰、砰、砰⋯⋯

六

「獵匪」小組埋伏在餐室咖啡店外已經是第七天了。

他們的精神開始鬆懈。或許,阿發已經聞風逃跑了。

清晨 6 時 35 分。

荷槍實彈的「獵匪」小組,以咖啡店對面一屋作為掩護,準備要是阿發再不出現,便撤退改變策略。

電話響了。

張昭明探長拿起了話筒。

「獵物已經入店!」是梅農副警監那穩定沉厚的聲音。

張昭明探長翹起右拇指,其他各人精神大振,如同打了支興奮劑。

「大家照原定計畫進行。」洪彰德副警監吩咐。

「是。」貌似西方性格巨星查理士布朗臣的徐光田探曹握緊了拳頭。

他假意走過阿發身邊,一個急轉身,飛快捉住了阿發的左手,而洪彰德副警監喊了聲政府人員,表明了身分。

沒想到,臨場突變,局面急轉直下,阿發奮力掙脫徐光田探曹的手後,馬上拔槍。

洪彰德副警監見狀,高喊:「小心,這傢伙開槍了!」

言畢,他快步向前,把阿發推向一根柱子,迅速開了一槍。

阿發中彈,沒馬上倒下,血透前胸,滿臉血淋淋的他,如

📷 **七鷹戰槍匪**

同瘋牛,持槍亂衝。

接著是八聲密集槍聲。

前後不到20秒,這場快槍鬥快槍,命搏命的警匪戰便告落幕。

阿發身中九彈:頸項兩彈、左上臂與右上臂各中兩彈、左上臂當中一彈穿心而過,另三彈射中臀部。

「獵匪」小組的九槍,幾乎是同時發射:洪彰德副警監開了兩槍,徐光田探曹開四槍,許良泰警長開三槍,他以帆布袋掩蓋著一把以色列製造的輕機槍,內有32枚槍彈,可以連續發射。

阿發可說是氣數已盡,若不是他彈無虛發,快如閃電的左手已先被「封死」,最後會是個什麼樣的局面,又有誰會知道?

獵人有時也會被獵物反噬送命!

◆ 七

誅殺阿發為何要開九槍?

「開一槍不足以制服他嗎?」

阿發的弟弟在殮屍房辦理後事時這麼問。

兩名民眾也在報章上提出同樣的疑問。

難道警方已經下了「格殺令」,不是「見到就捉」,而是「見到就殺」?

刑偵局局長蔡子益助理警察總監指出:新加坡是個法治國

家,一切辦案流程都得依據法律規定,警方從沒對通緝犯發過「格殺令」。

警方發言人也在報章上次應:開槍的三名警方人員當時面對的,不單是本身的生死,他們也必須顧及民眾的安危。

「每名受過嚴格訓練的警探,必須在面對危險時,做出果斷迅速的反應。如果每名警探都在等待同僚先做反應,那後果可不堪設想。因此,三名警方人員的做法是合法又合理的。」

更何況,警方得到的線報指出:阿發是個暴戾的危險通緝犯,他不但完全沒有投降的打算,他也曾向線人聲稱,他寧可死在警方槍下,而絕不束手就擒。

驗屍官韓沙在聆訊阿發的死因作出裁決時說:警方圍捕阿發的原意是活捉他,把他繩之以法。

他說,警方人員的確是在性命受到威脅、在不得已的情況下開槍,他們這樣做是符合刑事法典第 109 條為自衛開槍的含義的。

在頒發最高榮譽獎狀給「獵匪」七菁英時,警察總監吳永鴻要所有的警務人員,從「獵匪行動」中,吸取以下的經驗:不屈不撓的工作態度、靈活掌握所得的情報、重視團體合作的精神。

曾經率隊血戰綁票頭子盧嶽鵬的吳永鴻警察總監這麼形容:阿發伏誅雖然不比盧嶽鵬、胡金枝、阿協及林萬霖等喋血戰那麼戲劇化,可是,面對的危險是一樣的。

「獵匪」菁英近距離捉阿發,正是採取不影響民眾安危,不

📷 七鷹戰槍匪

驚動旁人的速戰速決方式。短兵相接的危險性更大,生死都在一線之間,非有靈敏的應變與身手不可。

「獵匪」七菁英之後也榮獲內政部第一次頒發的英勇獎牌。

◆ 八

阿發原名林景明,生於1952年,他有四個弟弟與一個妹妹,貧苦出身。他的綽號包括:黑龍、阿龍、阿隆與阿明,洋名是迪利。

自小,他在甘榜峇魯附近一所教會學校唸書,後在女皇鎮工藝中學念至中二輟學。之後,他在岌巴船廠當焊接工人,1971年受徵召入伍,在聖淘沙島接受軍事訓練。

他的歌喉雖然只是平平,卻喜歡抱著吉他在軍營內引吭高歌。他也愛好閱讀,尤其是工藝科技的書籍以及偵探間諜小說等。

1978年,阿發的父親在甘榜峇魯開了家機械廠,阿發成為父親的得力助手。好景不長,同一年年底,父親病逝,毫無經驗的阿發接手後,經營不當,機械廠倒閉。

幾個月後,他與軍中同袍合開了家進出口商行,支撐不到半年,生意告吹。

31歲那年,他認識了馬國一名算命師。這個算命師拜的是泰國神,懂得念泰國巫師的咒語。阿發對泰國巫術深感興趣,

算命師卻拒絕收他為徒,只答應互相「研究切磋」。他後來到泰國去練泰國拳,回來後,他一邊在建築工地做工,一邊當乩童。

1984年,他標獲一家韓國建築公司在汶萊的的承包工程。自己當老闆,而且還在報章刊登徵聘啟事。

一個月後,他用退休金買了間公共房屋,接了母親過去住,但他有時也獨自返回後港阿魯舒道所租的房子留宿。

阿發內向孤獨,沉默寡言,喜歡獨來獨往,討厭他人干涉他的私事。他跟弟妹也談不來,聊沒幾句,他便發脾氣。

他是否已經成家?似乎沒肯定的答案。

他跟母親與弟妹前後六年沒通音訊,祖母去世時,他沒露面上香盡孝,而是透過馬國算命師給了50元白包。

阿發好賭酗酒,左臂有點彎曲。他的左勾拳猛而準,最危險的還是他的左手槍法,又快又準!

◆ 九

幽靜偏僻的榜鵝尾海邊,一座小神廟設在大樹下,煙燭裊裊,諸神雕像之中,有一個黑色瓷葫蘆,上面貼了張大頭照,赫然是四個月前被警方誅殺的頭號通緝槍匪阿發!

小廟地處榜鵝第21鄉道的海邊,面對著哥尼島,距離大路約一公里的一棟荒廢別墅內,四周蘆葦雜草叢生,滿目瘡痍,破落陳舊,只有左方類似廚房的空間,打掃比較乾淨,而且還

📷 七鷹戰槍匪

有香燭與蚊香。廚房石灶上供奉了觀音與關公等五尊神像，另一尊是類似陽具的黑色亮漆木塊，內有阿發遺照的葫蘆便放在木塊旁邊，葫蘆前面還插著鮮花，壓著紙錢⋯⋯

夜幕低垂，驚濤拍岸，小廟透散著說不出的詭祕氛圍。

有人傳說，那是阿發生前的好友或是漏網的同黨，或是愚昧的崇拜者所供奉的靈位。

不過，可以肯定的一點是：這裡是阿發小時候常來的地方，殺警逃亡期間，有人曾經看到他在這一帶出現，而熟悉他的村民都叫他「黑龍」或是「阿龍」。阿發是他行走江湖，打家劫舍所用的「假名」。他也自稱「州府仔」（即馬來西亞人），因此警方最初以為他是馬來西亞人。

由於小廟香火甚旺，連警方也收到風聲，派人調查，揭開了真相後，啼笑皆非。

原來，小廟在那裡已經有十多年，神像是捕魚人家從海裡打撈起來的，不少村民白天前來上香膜拜，主要是祈求出海平安。沒想到在阿發伏誅的三個月前，小廟竟然被一群青少年「霸占」，經常摸黑圍聚在廟內嗅吸強力膠與嗑藥，並且開新潮舞會，胡天胡地，噪音擾人。

村民不堪騷擾，曾據情報警，但那群青少年總是驅之不散，跟執法人員玩捉迷藏。

後來，一名老村民想了條「妙計」，請來80多歲的道士，從報章上剪下阿發的遺照，把阿發之「靈魂」請到廟裡，目的是藉

此嚇唬嗅吸強力膠的青少年。

　　說也奇怪，小廟有阿發「坐鎮」後，那群青少年再也不敢來了。

　　警方可能做夢也沒料到，阿發死後還那麼「凶猛」，間接幫了警方一個大忙！

📷 七鷹戰槍匣

一槍化危機

　　兩名槍匪，在 1979 年的一個下午，與警方交戰後，挾持了一輛公車的人質，威脅警方安排車輛逃跑。

　　警方神槍手臨危受命，一槍制敵，化解了這場危機。

　　最後，背負四條人命的新馬通緝要犯「黑痣」傷重自盡，同夥「阿光」就擒，被判死刑。

📷 一槍化危機

開槍，很多人都會想到「殺人」。

開槍，其實很多時候是「救人」。

惡匪悍盜，一槍在手，輕拉扳機，開槍舉手之勞。

執法人員，重責在身，人命攸關，豈能草率行事？

在警探現實生活中，什麼時候開槍？那一槍開出去的結果如何？這都得深思熟慮，慎重判斷。

警方特務突擊隊隊長史蒂芬許良泰警長，如今面臨的正是這個殘酷重大的考驗。

豆大的汗水從他的前額滴下，他的頭向右偏，右手食指已伸入輕機槍的扳機。

目標就在前面不遠的一輛公車內。

在這緊張的關頭，這一槍到底開還是不開？

汗水流得更急了⋯⋯

◆ 一

1979 年 11 月 29 日。

附屬鎮暴隊（俗稱紅車）的特務突擊隊成立不到四個月，許良泰警長請纓上陣，志願投入這個專門對付暴力武裝分子的單位服務。由於他是鎮暴老手，也是神槍手，連騎著摩托車開槍亦百發百中，因此受委為隊長。

當天下午 1 時 45 分。

他接獲上司指令，帶了8名神槍手與狙擊手，齊集刑事偵查局，參加緊急會議。

原來，刑偵局接獲可靠情報，說是有兩個身懷槍械的「危險人物」可能藏匿在金榜路一間公共房屋內。

情報透露：這兩個「危險人物」是一個新崛起的「四人集團」的主要成員，打家劫舍，刀槍齊出。

圍捕行動由總部分遣部隊司令陳巧源助理警察總監與刑偵局局長狄西瓦助理警察總監聯合指揮。

配合9名特務突擊隊隊員行動的「先鋒隊」則是以林思義助理警監為首的一批虎探，他們主要是附屬取締組。

下午3時35分。

進一步的情報顯示：兩個華人悍匪證實是藏匿在永錫街第78座公共房屋。

突擊行動正式啟動。

四輛大型警車，浩浩蕩蕩，從刑偵局開往中央警署，然後沿橋南路、尼路及中峇魯路駛去。

下午4時。

永錫街一帶已經布滿警員與幹探，一時萬籟俱寂，猶如山雨欲來……

特務突擊隊打頭陣，15名虎探居中，鎮暴隊斷後，內外三重包圍，部署嚴密，滴水不漏。

擴音器發出勸降的警告：

一槍化危機

「裡面的人聽著，你們已經被我們包圍了，趕快高舉雙手出來投降，否則，我們要採取行動了！」

屋內全無動靜，也沒反應。

勸降警告又再廣播一次。

10分鐘後，一個男子在窗戶出現，高喊：「我們要出來了！」

狹窄的小門，閃出一男一女。

男的穿花衣短褲，拿著短槍，指著女的右太陽穴。

緊跟著他們的是另一對男女。男的也是持左輪，押著女的當「擋箭牌」。

兩名女郎的手還被手銬銬在一起。

很顯然，兩名悍匪挾持兩女當人質。

兩人「詐降」押人質這招，出乎在場埋伏的警方人員的意料之外。為了人質的安危，警方投鼠忌器，不敢輕舉妄動。

眼看目無法紀的悍匪就快得逞逃跑，許良泰警長與林思義助理警監交換了一個「變陣」的暗號，決定把包圍網縮小，採取盯梢緊跟、伺機狙擊的行動。

林思義助理警監把手一揮，15名虎探分成三小隊，由左、右及中路，或貼牆、或以停放路旁的車輛作為掩護，步步逼近兩名歹徒。

許良泰警長則帶了四名手下，從另一條小巷疾奔，越過眾人的前頭，然後在中峇魯路與金榜路交界處時，又分成兩組分頭行動。一組是他本身與馬尼安警員，他們雙雙埋伏在一棵大

樹後面,舉起輕機槍,靜候目標出現。

在他們超越眾人之際,先後傳出三聲槍響,料想是兩名歹徒為了阻止他們而發射的,但三槍都落空。

就在許良泰警長在大樹後「守株待兔」時,眼前的情勢又起了戲劇性的變化⋯⋯

原來,兩名歹徒挾持人質跑了大約200公尺,來到中峇魯路與金榜路交界,竟當街攔截一輛計程車,計程車要停下時,一名警探追了過來,搖手叫司機不要停下。

當中一名歹徒大怒,往計程車開了一槍,接著和警探交戰,各開一槍。

這時,一輛開往紅山方向的50號公車剛好抵達,持槍歹徒命令他停車。

「不關我的事,求求你放了我吧!」

22歲的公車司機魏南慶聽見一名女子以福建話哀求。他正要轉頭看個究竟,一把槍已經指著他的左前額。

持槍悍匪氣勢洶洶,揚起槍柄敲打他的額頭。

公車售票員阿都馬吉則喊道:「大家快伏下來!」

婦女的尖叫與小孩的哭聲混雜,乘客皆亂成一片⋯⋯

📷 一槍化危機

♦ 二

　　透過公車前面的擋風玻璃鏡，許良泰警長見到公車司機的上半身伏向方向盤的右側，左後方半靠著一個持槍的男子。

　　公車內有十多名尖呼喊叫的乘客，另一男子拿著槍，在公車內來回走著，吆喝叫罵。

　　司機左側的男子忽然揚起了槍。

　　許良泰警長吸了口氣，拉緊了輕機槍的扳機。

　　砰！

　　子彈飛射，直穿擋風鏡。

　　一聲慘叫。

　　緊接著是另一響槍聲！

　　許良泰警長從樹後轉身而出，汗流浹背，緊繃著臉，接著，他解下了手套，開始抹臉……

　　司機魏南慶還沒搞清楚是怎麼一回事，只聽到一聲槍響，擋風鏡碎裂，他的左肩一陣疼痛，右手一摸，原來都是血。

　　他顧不了痛，開了車門，縱身跳下。

　　耳際又傳來槍聲，他雙腳一軟，視線開始模糊，迷迷糊糊當中，好像看到兩名制服警員，朝他走了過來！

　　躺在公車司機座位旁邊的男子，身穿藍色上衣與淺藍短褲，他的左太陽穴出現了一個「血洞」，血流如注，他左手還握著一把 0.22 口徑的手槍。他的左肩也有傷痕，是許良泰警長所

發射的關鍵性一槍,穿透擋風鏡的子彈擊中的。

原來,左肩受槍傷後,這名男子見大勢已去,只好畏罪開槍自盡!他的同黨則棄槍投降。

許良泰警長這一槍,終於化解了一場可能一觸即發的警匪喋血戰,整輛公車除了司機魏南慶因拒絕聽命於悍匪開車,被悍匪開槍傷及手臂,另一女乘客為破碎玻璃片劃傷之外,其他乘客全因為這一槍安然脫險。

自殺的悍匪持的是把新型手槍,內有 9 枚子彈,其中五枚已經射出,他口袋內有個香菸盒,藏著 37 枚子彈。

投降的悍匪所拿的是 0.38 口徑的左輪,裡面六枚子彈原封未動,褲袋內的香菸盒則有 13 枚子彈。

警方特務隊隊長史蒂芬許良泰,是隊中的神槍手。

📷 一槍化危機

　　由兩名歹徒滿身槍彈顯示,他們早有捨命與警方決一死戰之意。若非許良泰警長這一槍,後果可真不堪設想!

♦ 三

　　自食其果的悍匪原名楊貴光,27歲,在麻六甲出生,綽號「黑痣」。

　　從通緝令上的照片看來,他的「黑痣」應該是長在左頰之下,可是,警方在他死後仔細檢查,發現他左頰的「黑痣」竟然是假的,也並非是因為他有「易容術」,而是他在拍照時,故意黏上假痣,藉此模糊警方的視線,可見他狡猾多計,不易捉摸。

　　他出身貧苦,家裡割膠為生,因誤交損友,鋌而走險,為非作歹,而且拋妻棄子,浪跡江湖。

　　雖然,他在新加坡剛起「爐灶」,自組「四人集團」當首領,犯案不多,但在馬來西亞,他犯案累累,經常動輒開槍殺人,馬國警方形容他是最殘酷猖狂的大盜,自1977年起,懸賞5,000元追緝他。

　　他在馬來西亞是一個「十人集團」之首,他與同夥在三個州做了最少38起重大刑事案,至少四起謀殺案與一起殺人未遂案。他不但是大盜,也是職業殺手,麻六甲的前法官的夫人便是死在他的槍下。

　　當中一起謀殺案,只是為了一隻雞而殺死四個人,**轟動**

馬國。

那是發生在 1977 年的案件，他與同黨共乘摩托車路過馬口一鄉村，不小心撞死了一隻雞，結果與養雞的村民爭吵，兩人竟然惱羞成怒，憤而開槍，連奪四條人命，可見他性格之凶暴橫蠻！

他在來新加坡的半年前，與四名歹徒聯手洗劫柔佛州昔加末一家地下賭窟後，曾跟馬國警方槍戰，三名歹徒中彈身亡，他與另一歹徒逃脫。後來又有四個同夥被警方剿滅，他跟漏網殘餘只好另尋出路，決定來新加坡當「過江龍」。

他想不到的是，天網恢恢，疏而不漏，雖然逃過一劫，到頭來，還是落得開槍自殺的下場。

他在新加坡所組的「四人集團」在本地最少涉及兩起持槍搶劫案，當中一起發生在 8 月 15 日，他持槍與三個拿刀的手下，搶劫餘仁生藥店，將 8 名職員捆綁，強逼他們吞服藥丸，花了一個多小時翻箱倒櫃後，搶去數百元。

事隔僅三天，當中兩名歹徒又連同另一人，闖入合樂路附近馬可新路中央大廈一家建築公司，制服了 9 人，搶去萬餘元現金。

根據被劫者的描述，警方掌握了四名歹徒的形貌，「黑痣」的身分因此敗露，本地警方接獲馬國警方的通知，立即展開全面追緝。由於風聲過緊，他一時只好藏匿起來。

直到兩個星期前，警方接到線報透露，這個集團蠢蠢欲動，

一槍化危機

想要在聖誕節「做」幾票大案,因此,廣布眼線,終於得到了可靠的情報,而準備「闖蕩世界」的「黑痣」結果還是邪不勝正,逃不過法網,慘死異鄉。

被「黑痣」押當人質的兩名女郎,一個叫華愛蓮,一個叫張月妹,都是馬來西亞人。

華愛蓮說,被警方包圍的屋子是「黑痣」的妹妹露比的,當時,露比不在屋內,「黑痣」與同夥阿光正在觀賞電視節目。

警方勸降的警告響起時,「黑痣」對阿光嘆道:「我們沒路可走了!」

「黑痣」掏出了槍與手銬,叫她與張月妹別亂動,接著把她們的手銬在一起。一路上,都是「黑痣」在開口說話,阿光則一言不發。

兩名歹徒押她們經過金榜路一家由她的乾爸經營的照相館時,其乾爸不知就裡,好奇走出來看,「黑痣」竟然用槍指著他。她告訴「黑痣」那是她的乾爸,求他別傷害他。「黑痣」便用槍柄敲其乾爸的頭,並用力把他拉開。

兩名歹徒將她們押上公車後,她看見「黑痣」用槍指著司機的太陽穴,以福建話威脅司機開車。

她被命令蹲在司機後面,也就是在「黑痣」的背後,她當時腦際很混亂。接著,幾下槍聲響起。他見到「黑痣」受傷流血,而且用客家話對阿光大喊:「兄弟,我要先走一步了,你好好保重!」

接著,「黑痣」舉槍朝自己的頭開了一槍。

她嚇呆了，見阿光在公車內驚慌地走來走去。之後，有人在公車旁高喊投降，阿光最後走到公車後頭，把槍丟擲到公車外，高舉雙手，跪在公車內，數名便衣上車，將他押走。她與張月妹之後送進了醫院檢查。

　　阿光後來被告上法庭，面對拒捕以及跟持槍的「黑痣」為伍，觸犯了軍火法令。他不認罪，並且聲稱槍是「黑痣」拿給他的，押人質拒捕也是「黑痣」逼他的，經過多日的審訊後，兩名聯審法官不認為他的性命是受到「黑痣」的威脅，因此一致判他兩罪成立，處以死刑。

　　聞判之後，阿光向樓上旁聽席的親友一邊揮手，一邊用食指比了個被吊死的手勢！

📷 一槍化危機

誘殺冷血匪

外號「莫達」的殺警槍匪，是個歡場浪子。他自命風流，女伴換了一個又一個。他最終間接死在女人手上，一個被他拋棄的酒店小姐，向警方透露他的行蹤。

六名勇探追查到他的下落，1973年的一個晚上，在總統府後院附近一家公寓外設下埋伏，「引蛇出洞」，將他誅殺……

誘殺冷血匪

他是個冷血槍匪,也是個歡場浪子。他自命風流,女伴換了一個又一個。他最終間接死在女人手上,一個被他拋棄的酒店小姐的線報,讓六名勇探追查到他的下落,施計「引蛇出洞」,將他誅殺⋯⋯

◆ 一

1973年7月21日晚上。

總統府後面加文納路附近一棟私人公寓三樓。

她依偎在他赤裸的胸膛上,嘴邊掛著滿足的笑意。

她與他溫存纏綿已經不止一次,可是,從來沒有像方才那樣刺激充實,而且滿是蜜意柔情。

盤旋在她心裡的是那句甜蜜蜜的話:

「珍娜,我們年底結婚吧!」

她和他邂逅只不過兩個月。19歲的她來自怡保,一年多前來新加坡做工。最初,她在裕廊的工廠當車衣女工。由於家庭負擔太重,一個多月前,她轉到珍珠坊一家夜總會,當起對人歡笑背人落淚的舞女。

伴舞不到一個星期,她認識了他。

他整晚抽著煙,摟著她跳舞時,似乎心事重重,不太愛說話。

她從來沒見過這樣的舞客,心裡頗感納悶。

來舞廳不打情罵俏,不摸索愛撫,不喝酒猜拳,只是一味沉思,葫蘆裡究竟賣的是什麼藥?

不遠的那一桌傳來酒瓶墜地,玻璃碎裂的聲音,跟著是幾個男子粗暴的吆喝、指罵⋯⋯

拳腳交加之中,幾個酒瓶拋散裂開。

酒客鬧事司空見慣,如此凶狠的格鬥卻是少見。為免遭池魚之殃,無辜受傷,好多舞女驚叫連連,競相走避。

珍娜花容失色,驚呼了一聲,正想拉著這名沉默寡言的酒客走開時,他卻開腔了:「你坐著,別怕,我等會兒回來!」

矮瘦的他,背有點駝,動作卻是敏捷的。只見他快步奔到鬧事的酒桌,半明半暗的燈光下,四個彪形大漢圍攏上來,雙方短兵相接,纏鬥起來。

一陣鼓譟,桌椅碰撞,那四個大漢腳步大亂,奪門而逃,當中兩人還臉帶血水。

他手上則拿著一個已經敲破的酒瓶,花衣已撕破,但他卻神態從容,臉上掛著勝利的笑。

她奔了過去,他拉著她的手。

「真痛快,我們去吃消夜。」

她緊靠著他步出舞廳時,感到四周投來羨慕的眼光,她芳心怦怦地猛跳,轉頭對「媽咪」(舞女大班)說:記我的帳好了。

兩人來到牛車水的熱炒店,叫了幾碟小菜,兩瓶黑啤酒,開啟了話匣子。

原來，他也來自馬來西亞一個貧苦的家庭，居無定所，做過多份臨時工。

異地遇同鄉，倍加親切；歡場女郎碰上情場浪子，一拍即合，共賦同居的故事，古往今來，幾乎都是大同小異。

她與他都是凡人，當然也不例外。

可是，命運呢？是否有所不同？

同居的生活是浪漫歡愉的，一個星期前，他還陪她返回她在怡保的老家，見了她的父母，談婚論嫁。

「我本來不是那麼好鬥的，也絕不是壞人，只是誤交損友……」

她要他懸崖勒馬，找份安穩的工作。她渴望有個安康的家。

他沉思了一陣，望著重重的菸圈，終於點頭了。

「你待我真好，阿成。」

電話忽然響了，把沉醉在編織康樂家庭美夢的她給驚醒了。

她拿起電話筒。對方是個男子，聲音好沉。

「叫你的達令聽電話。」

她轉身望著他：阿成，找你的。

他披了件格子襯衫，一邊拉上長褲拉鍊，一邊接聽電話。

「真的？」他的臉色驟變，掛上電話後，由床底拿出一個包裹，蹲著身子，取出一物，插進腰間。

她只看到他快速的動作，那個包裹好像是他的「命根」，也是他不准她過問的「祕密」。

就算是做愛的時候，他也經常要俯身床底，望一望、摸一

摸那包「命根」。

她曾經問他，那個到底是什麼？

他馬上一臉的不高興，希望她別再過問。曾在歡場打滾的她，當然不會不識趣。

他只是這樣告訴她：「那是我的命根，是帶給我財富的東西。」

如今，他帶著他的「命根」走了，而且走得如此匆忙，竟然忘了像平日般，給她臨別的一吻。

他連一句話也沒留下便走了。

她想喊他，他已一去不回頭。

忽然，她對剛才的電話起了疑心。

照理，沒有多少人知道他們在這裡同居，因為，他們搬來還不到一個月。何況，那是一個陌生的聲音。雖然說的是福建話，卻帶點印度腔。

她開始有種不安的感覺，慢慢走到窗前，準備看個究竟。

窗外，夜正深，稀星弱光。

砰砰砰……

七聲連環槍響，劃破寂黑長空。

◆ 二

1973 年 7 月 12 日下午 2 時 30 分。

烏節警署的王寶興探員下班後，過馬路走到詩家董百貨公

誘殺冷血匪

司門前,上了公車,準備回去東海岸菲格羅街的住家。

26歲的王寶興畢業於實乞納中學,18歲加入警隊,做事勤快盡職,四年後由普通警員調當便衣警探。

他有一兄三姐,排行最小,新婚僅半年。

上了公車,他選了最後第二排的位子坐下,他無心觀望車窗外的景色,只想著晚上帶妻子外出用餐,然後,觀賞一場電影。

公車來到史蒂芬路前的一個加油站,一輛汽車忽然從岔路駛出,公車司機連忙緊急煞車,公車內七八名乘客都吃了一驚,各自捏了一把冷汗。

兩車互不相讓,還按響了喇叭,接著,公車司機與汽車司機互相破口大罵,互指對方橫蠻無理,頗有箭在弦上,一觸即發之勢。

王寶興探員眼見一件芝麻小事,可能惡化變成全武行,決定充當魯仲連,便下公車調停。

他勸雙方息事寧人,汽車司機卻大聲喝道:「你算老幾,憑什麼來管老子?」

他表明了身分,對方竟然閃電般從腰間拔出一把手槍,朝他開了一槍。

他的胸部當場中了一彈,仰身後跌之際,猶未忘記執法者的職責,仍然忍痛負傷,拔出左輪,準備還擊,把凶徒繩之於法。

然而,這名凶徒在眾目睽睽之下,還箭步奔前,狠起飛

腳，踢掉王寶興探員手中的左輪。

凶徒猶不罷休，後退了兩步，再度舉槍往王寶興探員的背部補多一槍。

等到王寶興探員渾身是血，伏在地上一動也不動之後，凶徒又俯身奪了他的左輪，還目露凶光，狠狠地瞪了嚇得幾乎呆了的公車乘客一眼，從容駕車離去。

◆ 三

警方對這起冷血的殺警案非常關注，廣布眼線收集情報之外，還懸賞 1 萬元，緝拿殺警凶徒。

經過多方查問，警方獲知殺警冷血歹徒喜歡留戀歡場，四處拈花惹草，自命風流，圍在身邊的歡場女郎不少，他似乎都是逢場作戲。或許是喝醉了，也或許是愛出風頭，他曾經在芽籠一家酒吧，洋洋得意聲稱殺了一個「政府人員」……

風月場所似乎有不少警方「眼線」，警方沿線追查，找到一名曾經跟疑犯同居的酒店小姐海倫，便對她詳加盤問。

豈知，海倫把眼一瞪：「別再提這個沒良心的傢伙了，見一個愛一個，你們去問珍娜吧！」

警方趕到珍娜陪酒的酒吧，但她已經辭職。

警方這一趟沒白走，更不是全無收穫，最重要的是他們掌握了珍娜的電話，有了電話號碼，便可追查到地址了，除非，

疑犯又再移情別戀。

案件發生的九天後，武吉班讓警署的占德南探員接獲線人的情報，帶了幾名同僚，在一家酒吧外埋伏。

望著閃爍耀眼的霓虹燈，占德南探員看了看腕錶：深夜11時。

那小子應該出來了吧！已經等了將近一個小時了。

果然，有個個子微胖的青年男子推門出來，他正是線人口中的黑道分子，而且還跟租槍集團有來往。

這男子滿臉漲紅，步伐蹣跚，顯然是喝了不少的酒。

跟埋伏在暗處的兩名同僚使了個眼色，占德南探員向男子迎面走去。

那男子頗感驚愕，占德南探員的右手已經搭在他的肩頭。

「我們是暗牌（便衣），有事要帶你回去問問。」

占德南探員雖然是印度人，福建話可真不賴。

那男子根本無路可逃，因為，占德南探員的同僚已經一左一右，把他夾在中間。

男子還強作鎮定，一副滿不在乎的神情，雙腳卻不聽使喚，開始抖動，不知是酒精發揮了作用，還是心裡懼怕？

在烏節警署的盤問室內，查案人員針對最近發生的十多起持械搶劫案，對男子展開密集與車輪戰術的盤問。

查案人員從這名男子的身上獲取了更多的資訊，轉交給武吉班讓警署的占德南探員，因為，這一連串的持槍搶劫案都是在該警署管區發生的。

之後，依據情報，警方逮捕了搶劫集團的兩個成員，酒吧外的胖子是第三個嫌犯。

查案人員接著查出：這個集團的另一個漏網之徒，也是最凶狠、最危險的，因為，他身上帶有真槍實彈。

查案人員獲得的線索是：這名歹徒外號「莫達」（福建話是光頭的意思），他原名叫胡福成，21歲，來自柔佛州的笨珍，只唸過五年書。他在十多歲時來新加坡謀生，活躍於新馬兩地的黑社會。

胡福成原本真的是光頭，做了多起劫案之後，他蓄留頭髮，掩人耳目。他是一個四人集團的老大，而且跟黑槍集團的買賣行動有關。他不但犯案累累，還不止一次對同夥這麼說：

「槍，是我最可靠的朋友，也是我的命根，我這一生都離不開手槍！」

要對付這樣一個冷血的槍匪，的確令警方大費周章。

占德南探員曾經突擊過「莫達」在裕廊的住家，那裡的房東說，他已經搬去總統府附近的私人公寓。這跟從珍娜的電話所追查到的地址完全吻合。

應該是在這裡了！

占德南探員滿懷信心。

四

1973 年 7 月 21 日晚上 10 時 15 分。

占德南探員與五名同僚，分成三組，二前二後，他則跟另一探員，埋伏在公寓樓下的樓梯兩旁。

等了半個小時，一切如常，沒有動靜。

情報指「莫達」應該是在公寓三樓的一間房內，問題是：如果登門突擊，恐怕打草驚蛇，加上對方有槍在身，肯定會引起一場槍戰。要是流彈誤傷無辜市民，或者「莫達」挾持屋內的人當人質，那可要弄巧成拙，節外生枝，局面可能更加難以收拾了。

引蛇出洞，調虎離山。

占德南探員腦海裡閃過了這樣一個念頭，對，就用計誘使他下樓，然後生擒他。

占德南探員低聲吩咐莫哈默阿里探員，接著，他撥了這樣一通電話：

「莫達，我是阿福。警方已知道你躲在這裡，他們就要來捉你了，快快逃吧！」

五

　　拾級走下又窄又暗的梯級時,「莫達」忽然有種「英雄末路」之感。

　　他摸了摸腰間的「命根」──手槍,喃喃自語:「英雄又如何,像李小龍,還不是被人家害死了!」

　　李小龍是他的偶像,是他最崇拜的銀幕鐵漢,幾天前暴斃。

　　「莫達」認為李小龍是被人害死的。他曾對珍娜說,說不定有一天,他也會被人害死。

　　有了防人之心,他無時無刻不提高警戒,無時無刻不摸一摸他的「命根」。

　　「阿福這傢伙真夠朋友,可是,他的聲音怎麼那樣低沉,好像是壓低聲音,大概是怕別人聽到吧!」

　　槍口下討飯吃的他,凡事起疑心,與生俱來。

　　步下最後一個梯級,他又心生一念:如果有警方人員在門口埋伏,那可⋯⋯

　　他心念未畢,肩膀已被兩隻強而有勁的手搭得緊緊的,迎面則走來一名印度族男子,揚聲說:「我們是警探。」

　　他雙肩雖然被捉住,但一聽到警探二字,立刻橫跨一步,沉馬、弓背、收腹,三個動作一氣呵成,很快地掙脫了兩名警探的手。

　　他接著連退三步,拔出腰間的「命根」,連放三槍。

誘殺冷血匪

　　那迎面跑來的正是占德南探員,他見「莫達」雙肩一動,已知不妙,早已拔出槍來。

　　在旁埋伏的其他兩名警探,揚起了早已在握的左輪。

　　三探一連開了七槍。

　　彈隨聲飛,占德南探員右臂一涼,跟著一陣炙痛,原來已被流彈所傷。

　　「莫達」則早已伏臥在血泊中,頭部與胸鮮血狂流,右手卻還緊緊握著他的「命根」!

　　趕來現場調查的刑事偵查局特別罪案調查組的陳秉發探長,蹲下身子,發現「莫達」的槍,赫然是把 0.38 口徑的「史密斯威遜」左輪,裡面只剩一枚子彈。

　　這種左輪向來都是警方人員的佩槍。這名悍匪身上怎麼會有這種類型的槍?莫非是偷來的?

　　在警方檔案中,1972 年 6 月,的確有名警長失竊了一把左輪。除此,年輕的王寶興探員在九天前殉職,他身中兩槍,根據法醫剖驗,當中一枚留在體內的子彈正是 0.38 口徑的。

　　難道這個持槍搶劫案的悍匪,除了跟冷血殺警案有關,還涉及警長失槍案?這的確是出乎警方意料之外的「收穫」!

　　法醫的查驗果然證實:要了王寶興探員一條命的子彈,就是從「莫達」手中的槍發出的。

　　警方也從其他嫌犯口裡,獲知「莫達」在伏誅的幾天前,曾經告訴一個同夥,他偷了一名警長的槍,還奪走了另一名探員

的左輪。「莫達」留下警長的槍自己用，而把王寶興探員的左輪交給同夥，叫他回去馬來西亞脫手。

陳秉發探長也招來一名便衣女警，到中央醫院殮屍房，女警馬上認出：「莫達」便是槍殺王寶興探員的凶手！

原來，王寶興探員被槍殺時，這名女警剛好經過，把槍匪的面目看得一清二楚。她永遠也不會忘記她的同僚被暗算的那一幕，那血淋淋的一幕……

1974年16日，怡保警方拿回王寶興探員被殺時奪去的槍。槍在人亡，豈非是執法者心酸生涯的另一面！

📷 誘殺冷血匪

黑白大鬥法

　　四十多年前，一個不起眼的垃圾桶，竟然成了警匪鬥智鬥力的「主角」，「左右」了各報意外新聞組記者出入內政單位的行動。

　　這樣一個垃圾桶背後有個怎樣的故事？

　　這個故事，情節精彩，高潮迭起，絕對不會輸給任何一部警匪鬥智的電影。

　　「故事」在 1976 年 3 月掀開序幕，圍繞在電影院與電影業中……

黑白大鬥法

年輕的讀者，大概沒見過這樣的垃圾桶——綠色、鐵製，上面是個尖斜三角形的鐵蓋，方便民眾推動丟垃圾。

四十多年前，這類垃圾桶在馬路上隨處可見。

四十多年前，這樣一個不起眼的垃圾桶，竟然成了警匪鬥智鬥力的「主角」。

四十多年前，這樣一個髒兮兮的垃圾桶，竟然使警方兩個菁英單位發生「內鬥」的傳聞。

四十多年前，這樣一個不值錢的垃圾桶，竟然「左右」了各報意外新聞組記者出入內政單位的行動。

這樣一個垃圾桶究竟有何「威力」？

垃圾桶背後又有個怎樣的故事？

這個故事，情節精彩，高潮迭起，絕對不會輸給任何一部警匪鬥智的電影。不，那簡直就像一部電影！

「故事」應該從 1976 年 3 月掀開序幕⋯⋯

◆ 一

序幕跟電影相關。

最先出場的是亞洲電影業鉅子邵老闆。

那天，是個陰天。

坐在冷氣辦公室的他，高牆隔絕了外面的世界，他當然看不到天色的變化。不過，他的臉色卻也陰暗得很。

他緊皺雙眉，盯著桌子上的一封信。

淺藍色的信紙，薄薄的摺了三摺。

白色的信封，郵戳的日期是：1976 年 3 月 15 日。

收信人的名字與地址都是用打字機處理的。

是誰寄來的信？

看來像是普通的平信，可是，在四十多年前，打字機並不是十分普遍。除了商業機構或者是政府部門發出的公函之外，一般人的信件都是用筆書寫的。

可是，屬於商業來往的信件，信封上一般都會有相關公司或機構的商標或標誌印戳，這封信卻沒有，顯然是私函。

信的內容也是用打字機打的。信是這樣寫的：

敬愛的邵氏大老闆：

你好。讓我們來介紹我們的組織，我們是魔鬼黨的兄弟，我們很需要找一個靠山，我們決定選擇你，請你支持我們 20 萬元。

如果你耍花樣去報警，那是自討苦吃，小心我們燒掉你的產業，而且還會對付你的家人。

我們不像新加坡其他的私會黨一樣，任何事情都瞞不了我們。我們相信警方遲早會得到通知的。

不過，我們跟其他私會黨不同的是：在緊要關頭，我們可以不惜犧牲我們的兄弟⋯⋯

那絕對不是開玩笑，我們會再給你指示。

謝謝。

黑白大鬥法

　　整封信只有三個字是用筆寫的,那便是「魔鬼黨」!
　　寫信的日期是:1976年3月15日。
　　日期底下畫了兩個骷髏頭,頭的中間畫了個代表德國納粹黨的標記。
　　是惡作劇?還是真勒索?
　　要是如言照辦,交出20萬元贖金,那豈不助長了歹徒的氣焰?萬一歹徒因為輕易得手,食髓知味,繼續勒索的話,那豈不是個永遠填不完的無底洞?
　　不過,信的內容措辭強硬,要是不交贖金,非但邵氏家人性命受到威脅,他邵氏名下的產業恐怕也難保!
　　思前想後,邵老闆做了個決定:據情報警。
　　偵辦此案的是私會黨取締處(後改名重大罪案調查署)屬下的取締組。處長歐陽榮華警監把勒索信交給了陳伍洲探長。
　　將勒索信送去科學服務局化驗的結果:沒有可疑的指紋留下。
　　歹徒手法,乾淨俐落。
　　警方進行了一連串部署。
　　胡財美探長奉令接手辦理此案,他一直愁眉不展,幾乎廢寢忘食。
　　警方所承受的壓力,可想而知。因為,被勒索的不是普通人家,邵氏財雄勢大,交遊廣闊,是個成功的企業家、慈善家以及社會聞人。況且,單憑一封勒索信,查案工作實在猶如大海撈

針，唯有採取被動的應變策略，先偵查這支勒索集團的來龍去脈。

翻查舊檔案，在嚴刑峻法之下，類似勒索案已經沉寂多時。

警方向黑社會明查暗訪，套取線索，可惜一無所獲。

由勒索信的口氣，警方也無法查出這支集團的作風是否跟曾有前科的勒索集團相似。

警方只好提議影業鉅子更換電話號碼，以免集團撥電騷擾，也希望集團因為聯絡不上事主而氣焰漸消。說不定在時間拖延的策略與精神壓力的影響下，集團可能因此裹足不前打退堂鼓。

除此，警方也派員在影業鉅子的住家與辦公室大樓附近，加強巡邏。

◆ 二

風平浪靜的過了七天。

又有兩封勒索信，分別寄到邵氏大廈的辦公樓與邵家。

收信人的名字仍然是邵大老闆，信的內容大同小異，同樣是由打字機打出來的字型，同樣是白色的普通信封，日期都是：1976 年 3 月 22 日。

信的內容大意如下：

敬愛的邵大老闆：

我們是魔鬼黨的兄弟，我們正式向你勒索 20 萬元。15 日那天，我們已經寄了一封信給你，也撥了好幾通電話給你。可

黑白大鬥法

是，我們得不到你的回音。

我們已經忍無可忍了，我們決定把錢提高到 100 萬元。如果我們還是沒你的回音，我們會先燒你的戲院，接下來便要取你家人的性命！

報警是嚇不倒我們的，我們魔鬼黨，寧死也不願窮！

現在便準備 100 萬元吧，半數用 50 元面額的鈔票，半數要 100 元面額的，全都要舊鈔，不要連號鈔票。

用報紙包好鈔票，放進一個黑色的塑膠袋內，提款的人要穿蠟染上衣與黑色長褲。等我們的電話指示，我們會再聯絡你。

記著：殺害你的家人，我們知道並不是一件容易的事情，可是，嘿嘿……要燒掉你名下的產業，比如戲院，那可是輕而易舉。

謝謝。

一而再，再而三，除了勒索信外，還有勒索電話，魔鬼黨看來不是鬧著玩的，他們是來真的！

邵老闆皺著的額頭開始滲出汗水，貼身保鏢雖然在他的左右，他還是有點憂心忡忡，坐立不安。

歹徒在勒索信裡的語氣，顯然暫時不會對付邵老闆與家人，而且邵家聘有保鏢，加上他們深居簡出，歹徒要真下手也不容易。

戲院與其他房地產則不可能 24 小時都派人保護，即便是警方，也不可能分秒派人巡邏。

尤其是戲院這樣的公共場合，出入的人很多，總不能全部關門不做生意吧？

警方頭疼的也是這一點：邵氏產業與戲院散布全島多處，絕對不可能有那麼多的警力進行 24 小時的監視工作。

警方後來只有動用國民服役特警，增加戲院的夜間巡邏。刑事偵查局與消防局也在每家戲院，派兩名探員和消防員駐守。

不過，最令警方難以捉摸的是：

歹徒何時下手？

從何下手？

怎樣下手？

他們第一個目標會是哪裡？

他們還會有什麼花招……

◆ 三

要來的終於來了。

1976 年 3 月 25 日。最後一通勒索電話的三天後。

烏節路邵氏大廈辦公室大門深鎖，寂靜悄悄。

保全人員阿里看了看手錶：晚上 10 時。

打了個呵欠，伸了個懶腰，通宵達旦，漫漫長夜的保全工作可真不易捱。

轟隆！

黑白大鬥法

　　一聲爆炸，震耳欲聾，把阿里的倦意全都「轟」走了。他像是中了箭的野兔般跳了起來，朝巨響傳出的方向奔去。

　　爆炸聲是從男廁所傳出的。

　　他奔到廁所門口，已經無法再跨前。

　　團團濃煙與熊熊烈焰冒了出來，他無法看清眼前的情景，只好轉身飛跑回保全室，氣急敗壞地撥電給警方。

　　消防員很快抵達現場，在短時間內控制了火勢，阻止大火蔓延到大廈其他角落。

　　大廈的損壞情況還好不嚴重，只有男廁的天花板和衛生器具燒得烏黑斑駁，面目全非。

　　引人注目的倒是廁所牆壁上塗寫的一行大字：

　　邵老闆，100萬元。魔鬼黨。

　　一如歹徒在第二封勒索信上所提到的，三日沒回應，他們果然發動了「攻勢」！

　　這支集團絕對不是惡作劇，也不是鬧著玩的。

　　他們是認真的，極其危險的！

　　胡財美探長望著那行字沉思。每個字竟像是張牙舞爪，向他獰笑，朝他狂撲！

　　這批傢伙到底是何方人馬？

　　他甩了甩頭，仔細檢視現場可能留下的線索。

　　線索全無，唯有收隊。

　　他不敢肯定歹徒是否還會故技重施，是否會向另一家戲院

下手。

又過了三天。

1976年3月28日下午3時30分。

小坡鑽石戲院的經理拉甘三美在電影剛放映時，走到票房要算帳，忽然，戲院旁邊一個零食攤位著火了。

他連忙召人把火撲滅，並且當機立斷，取消電影的放映。

觀眾如墜重霧，噓聲四起，紛喝倒彩。

走出戲院，但見警方人員封鎖現場，忙碌地展開調查。

3月31日。

首都戲院正上演《神打》。帶位員奧瑪坐在樓上的後座，準備閉目養神。

這也難怪，從下午3時起，他已經開始工作，如今是晚上9時30分，電影要到半夜12時才散場，他還得捱到那時才可以下班，只好先小睡一陣，養足精神。

斜躺在椅子上約半個小時，黑暗中忽然湧現一團火光，好像利箭般射入他的心。

火！

他霍地站了起來，登時驚慌失措。

觀眾早已驚動，紛紛離座，朝緊急出口奔逃。一個人影從起火的方向飛快地跑了出去。

奧瑪驚魂甫定，深深吸了口氣，奮力拔腿猛追。

可惜，追到大門口，奧瑪一個不小心跌了一跤，爬起來

時，那個人影已不知去向。

另一方面，駐守在戲院外的消防員已經用滅火器，迅速把火撲滅了。

跟前兩次發生的縱火案件一樣，放火狂徒只留下濃烈煤油味道的空瓶子，除此，沒其他蛛絲馬跡。

不幸中之大幸是：這三次火患都及時發現，火勢很快受到控制，損失並不嚴重。最重要的是，沒人傷亡，觀眾不知就裡，戲院生意沒受影響。

不過，可以肯定的是：歹徒非等閒之輩，一次又一次，簡直目無法紀，而且手法一次比一次純熟老練。

4月11日晚上9時，縱火狂徒捲土重來。

這次的損失比前三次來得嚴重。遭殃的是樂斯戲院。帶位員兼機房看守員耶欣正在結算最後一場電影的入場券。

一個中等個子的華人青年，走近他的身邊，帶著顫抖的語氣說：「冷氣機太冷了，麻煩你調高溫度好嗎？」

這已經不是觀眾第一次投訴了，耶欣點點頭，步向約六公尺外的機房，把冷氣機的溫度調高。他步出機房時，忘了把機房的門鎖上。

他背著機房，忙著為入場的觀眾撕票。約莫過了五分鐘，他才想起機房的門未鎖。

他走回機房，赫然見到一個高大英俊的青年正把點了火苗的布塊，丟進機房。

「喂，你在幹嘛？」

青年掉頭便跑，耶欣拔步追趕。

「有人放火，快捉人啊！」

耶欣邊跑邊喊，外面等著入場的觀眾雖然不少，但對這幕在戲院外上演的追逐戰卻袖手旁觀，竟然沒人挺身而出，助他一臂之力。眼巴巴地，他看著青年跑過了對面馬路。

三輛消防車趕到時，火已經被耶欣與六名同事撲滅了。

這次的火患，造成一臺冷氣機全燒毀，另一臺冷氣機與發電機被波及，損失 3 萬元。

警方來到現場，只發現一個空的汽油罐，一些布塊與紙張。

第二天中午 12 時，樂斯戲院經理阿蔡在辦公室內接到一通電話。對方是個男子，以福建話對答。

「你是哪一位？」

阿蔡從沒聽過這個聲音。

「你是戲院經理嗎？」

「是的，你⋯⋯」

「我？哦，我告訴你，我們是死亡魔鬼黨。」

死亡魔鬼黨？那是什麼玩意？阿蔡想起冷氣機房失火的事。莫非這個什麼魔鬼黨跟放火事件有關？一連串的疑問剛在腦海湧現，他心跳忽然加劇。

「昨晚的火便是我們放的！」

開門見山，單刀直入。對方尖銳的聲音，打斷了阿蔡的思潮。

黑白大鬥法

　　阿蔡來不及答腔，對方又連珠炮似的，繼續說道：「小心給我聽清楚，要是你的老闆不照我們的吩咐付錢，我們還是會燒掉其他幾間戲院的，就算拚了老命，我們也要拿那筆錢！」

　　「照你們的吩咐？那是怎麼一回事？」

　　「你別多問，你的老闆知道我們說的是哪回事，最好傳話給你們的老闆聽，我們今晚會再打電話給你。」

　　「喂……」

　　阿蔡想要再問，對方已掛上話筒。

　　他無計可施，只好把事情通報給邵氏機構負責院線的主管。

　　同一晚 8 時 20 分。電話響了，這回耶欣也在阿蔡的辦公室內。

　　「你的老闆怎麼說？」

　　對方聲勢洶洶，直截了當。

　　「朋友，你們知道你們是在做什麼嗎？」

　　阿蔡決定施用緩兵之計，故意拖長跟對方交談的時間，同時向耶欣使了個眼色，指示他馬上報警，追查電話的來源。

　　「你們放火燒戲院，為的是勒索錢財，你們以為這樣便可以如願以償嗎？你們可曾想過，這樣不但會傷害到其他無辜的民眾，警方也不會放過你們的。」

　　阿蔡苦口婆心，希望勸服對方。

　　聽筒那端發出了一陣怒吼。

　　「你最好別教訓老子了，明白嗎？你以為我們想那樣做

嗎?」

未等阿蔡回答,對方以急促的語氣說道:「我們必須那樣做,你明白嗎?要是我們不做,倒不如去自殺……無論如何,你別再囉嗦了。我們給你們多24小時去考慮清楚!」

電話便這樣結束了。

兩分鐘後,耶欣跑了回來。

他上氣不接下氣,猛搖雙手:「找不到啦,警方無法查出電話的來源。」

阿蔡吁了一口氣,掏出了一包香菸。

菸圈飄渺,他定了定神,撥電通知老闆。

◆ 四

平靜的日子只維持了兩天,歹徒的電話又來了。這次是撥到邵氏大老闆的辦公室,接電話的是他的私人祕書蘇姍。

「邵老闆在嗎?」是一口流利的英語。

「請問是哪位找他?」蘇姍從沒聽過這個聲音。

「哈哈,我便是你們的朋友,放火狂徒魔鬼黨,還記得戲院被燒的事嗎?」

蘇姍花容失色。

「好吧,長話短說,識相的便趕快給錢,不然,嘿嘿……告訴你的老闆,等著再瞧瞧我們的傑作吧!」

黑白大鬥法

　　蘇姍幾天前已經得到老闆的指示，要盡量拖延時間通知警方。因此，她的神色逐漸恢復，語氣也開始冷靜。

　　她心平氣和地應對：「你們不覺得這樣做是在浪費時間嗎？」

　　「如果我是你的話，我才不會去理會老闆的事。」

　　這招果然有點收效，對方好像放軟了語氣。

　　「為了你的安危，小姐，我們勸你別多管閒事，只需傳話便可。」

　　蘇姍還想開口，對方已經放下聽筒。

　　同一天下午，同一個男人的聲音，這次是由另一條電話分線轉接過來。

　　「午安，可以找邵老闆談談嗎？」

　　「老闆現在忙得很，沒空聽電話。」蘇姍冷冷地回答。

　　「你最好找他來聽聽，轉告他，我是魔鬼黨的成員！」對方怒火高燒：「你們的老闆好固執，告訴他，如果不照我們的話去做，我們可要把贖金提高到 100 萬元了！」

　　蘇姍被對方的厲聲嚇得心跳加速，她吸了口氣，照老闆的指示，假裝很生氣地回答：「你們想做什麼就去做吧，我們是不會付錢的！」

　　「那太好了，哼，等著瞧吧！」對方用力地摔下了聽筒。

　　蘇姍的汗珠沿頰流下，她拿出了紙巾，若有所思地抹著。

五

　　取締組的辦公室裡，副主任湯姆斯助理警監鐵青著臉，猛抽著菸。

　　「這群傢伙真可惡！」

　　幾乎一個小時未說過一句話，心裡卻反覆地怒吼。

　　桌上的檔案與特別報告一大疊，他翻閱了不知多少遍，案子卻無法突破。

　　在放火狂徒撥電給蘇姍的兩天之後，另外兩大電影機構國泰與金星的負責人，也先後接到類似的電話。

　　狂徒口氣囂張傲慢，要求的款項一律是：20萬元現金。

　　國泰機構的勒索電話是撥到加東區一家戲院的辦公室，歹徒說的是福建話。金星機構是撥去芽籠一家戲院，指明要找經理接聽。

　　姓張的經理一拿起電話，對方說的是華語：「老兄，告訴你的老闆，我們要20萬元！」

　　接著，對方很強硬的說：「拿不到錢，小心你們的戲院，我們會一把火把它給燒了！」

　　這兩通電話跟撥到邵氏的不同點是：歹徒沒表明是屬於哪個黨派的人。除此，歹徒不是講流利英語，而是華語和方言。

　　另外，綜藝公司設在大坡區的辦公室，也差不多在同一期間，接到勒索電話。

黑白大鬥法

這回歹徒講華語，自稱是死亡魔鬼黨的成員，比魔鬼黨多了死亡二字。勒索的款項同樣是 20 萬元。

不到短短的一個月內，四大電影機構都受到勒索電話的威脅，除了邵氏大廈男廁所、首都戲院，樂宮戲院和麗士戲院都被人搗亂，謊稱戲院內放置了炸彈，引起陣陣虛驚。

歹徒神出鬼沒，所有院商人心惶惶，警方所受的壓力更是日益加重。

專案小組開始懷疑：死亡魔鬼黨和未報來頭的神祕電話，是否都是同一夥人？

答案幾乎是肯定的！

因為，邵老闆接到勒索信與電話的事是絕對保密，警方並未向外界釋出，報章也不得而知，從沒報導。

以此推斷，不太可能另有其他集團得知消息，借名渾水摸魚。

集團使用不同的名字，顯然是要轉移和混淆警方調查的目標和方向。

繼邵氏機構接到一連串勒索信與電話後，可能是集團因一時無法得逞，一怒之下，轉向其他電影機構下手，搞得滿城風雨。

從警方所掌握的資訊推斷，集團最少有三人：一個講英語、一個說華語、一個說福建話。

由歹徒燒戲院的手法看來，他們早已經有一番策畫。可

是，勒索的手法欠缺完美的布局。最大的漏洞是：歹徒始終沒指定交付贖金的時間與地點。

似惡作劇，可又不像。

這個集團的伎倆「半生不熟」，葫蘆裡賣的是什麼藥？那可真令警方陷入謎團。

明鬥暗，居劣勢。

就來個暗鬥暗吧！

湯姆斯助理警監拍了拍桌子，緊繃的臉露出了一絲淡淡疲倦的笑容。

◆ 六

不入虎穴，焉得虎子。

受指示偵辦此案的胡財美探長認為：只有以贖金為餌引歹徒出面，然後闖入匪窟，展開行動。

首先，他得冒充是邵氏老闆的家人，等歹徒再來電接觸。不到一個星期，歹徒果然來電。電話是撥到歹徒火燒機房的樂宮戲院辦公室內，接電話的經理阿蔡。

「我們是死亡魔鬼黨……」

「請你稍等一下，我找老闆的代表跟你談。」

「我姓胡，是代表邵老闆的。」

胡財美探長比了個手勢，探員老劉連忙按下了電話錄音機，

黑白大鬥法

而沙瑪探員則走出了辦公室，撥電給電話局，要求協助追查電話來源。

「嗨，胡先生，相信你已經欣賞過我們的傑作了吧？條件很簡單，我們本來要的只是 20 萬元。你的老闆不領情，我們不得不提高到 100 萬元。想要你們的戲院都平安無事，那得跟我們乖乖合作才行！」

「朋友，大家好商量，100 萬元未免太多了？何況，拿了錢後，你們又如何保證我們的戲院不再被燒？」

對方似乎很不耐煩，粗魯地回答：「我不要和你囉哩囉嗦了，再等我們的電話吧！」

當天，歹徒又來了三通電話，內容與口氣幾乎一樣。

胡財美探長苦笑，歹徒可真狡猾，不上圈套，每通電話少於兩分鐘，來源無法在這麼短的時間查出。

不過，從電話的交談中，警方也不是完全沒收穫。在胡財美探長與對方數度討價還價的結果，贖金由 100 萬元減少到 50 萬元，最後回到原本的 20 萬元。

另外，案件微露曙光的是：撥電歹徒似乎拿不定主意，不能馬上做出決定，比如：定下付款日期，時間及地點。

因此，胡財美探長推斷這件事另有主腦在幕後策劃，而且是個極不容易應付的對手！

這個推斷要是無法成立，那麼，這支集團的成員或許是剛崛起的新手，既想勒索卻又不敢露面，也不敢採取進一步行動。

若是如此，那可好辦多了。胡財美探長開始對這起案件充滿了信心。

第二天上午 11 時 15 分的電話是個突破。

歹徒重複他們的勒索條件。

胡財美探長沉吟了半晌，然後這麼說了：「好吧。我的老闆答應你們的要求，但是只限 20 萬元，不能再多給半分錢了。」

「哦，很好，早就應該這麼決定了。」

對方語氣輕快，想必樂在心頭。

胡財美探長好像是見到了對方勝利的獰笑，他強壓著內心的怒火。

「付款的地點、時間與方式呢？」

「好，胡先生，你仔細地聽好，這個星期六，你到銀行去提款，全都要現鈔，就照我們勒索信上的指示去辦，50 元和 100 元面額的舊鈔票，不要連續號碼的，明白嗎？」

「好。」胡財美探長氣得咬牙切齒。

「提出現金後，回到戲院等我們的指示。對了，還有一件事要你記牢，在沒得到我們通知之前，不要先去提款。」

放下電話，胡財美探長走出樂宮戲院，飛快的打量了一下地形，腦海裡思索著在戲院四周埋伏的計畫。

4 月 26 日星期六，上午 9 時。

湯姆斯助理警監帶領了取締組一批幹探，在戲院周圍暗中監視。

黑白大鬥法

　　40 分鐘後，電話響了。

　　胡財美探長到了一間早已安排好探員的銀行內，以眼色暗示屬下偵查可疑的人物，然後進行跟蹤。

　　他本身也盡量放輕鬆，但卻故意露出一絲緊張的神態，同時收斂了警方人員應有的警戒性。

　　他不得不自導自演，因為歹徒在暗他在明。歹徒很可能就在附近監視他的一舉一動，要是露出破綻，那可前功盡廢了。

　　剛回到樂宮戲院的辦公室，電話響了。

　　「很好，你很合作。可惜，我們看到你並不是一個人到銀行提款……」

　　「我提的是 20 萬元現金啊，一大筆的，總要找人保護嘛。」

　　他故作受盡委屈，暗忖：對方果然在暗中監視，如此推斷應該不止一人。

　　「我不要聽你解釋。我們再度警告你，如果警方得知消息跟來，一切免談。」

　　「好，一切照你們的吩咐。」

　　「明天中午再等我們的電話，記住，別再搞什麼花樣了？」

　　功虧一簣，胡財美探長嘆了口氣，只好收隊，等待下一次的機會了。

◆ 七

第二天中午 12 時。

「限定你在 20 分鐘內,趕去天鵝咖啡座等候我們的指示。你知道天鵝咖啡座在哪裡嗎?就在國泰戲院旁邊。」

「可以多給一點時間嗎?路上恐怕會塞車⋯⋯」

湯姆斯助理警監接聽的是電話分機,他指示胡財美探長拖延時間,以便部署埋伏行動。

「別囉嗦,今天星期天,塞什麼鬼車!」

胡財美探長不敢激怒對方,唯唯諾諾地掛上了電話。

歹徒看來不簡單,他們在計算時間,早已策劃好全盤周密的計畫。

胡財美探長倒像是墜入了對方的陷阱與計算中,他本想反客為主,卻被對方先發制人。

這也難怪,因為,直到現在,對方仍然占盡了優勢。

胡財美探長氣憤地提起了裝了錢的塑膠袋,開車趕去歹徒指定的目的地。湯姆斯助理警監則跟一批幹探,分駕汽車與摩托車尾隨。

12 時 40 分。

電話在天鵝咖啡座響起。

「你做得很好,現在聽著:電話簿底下有張紅色的紙條和地圖,你得根據上面的指示去做,然後,回來這裡等電話。你可

📷 黑白大鬥法

以坐下來喝杯咖啡。」

胡財美探長找到了紙條。

紙條以英文書寫，指示他要在三分鐘內，把贖金放在國泰三角埔（即多美哥）與檳榔路交界處一個環境發展部的鐵製垃圾桶內。

胡財美探長向湯姆斯助理警監使了個眼色，多名探員悄悄地走出了咖啡座。

咖啡座內雖然只有寥寥幾個男女顧客，胡財美探長還是小心翼翼迅速地環顧一番後，才將紙條丟給了老劉探員。

總算快要做個了結了，看看這批傢伙究竟是何方人馬！

胡財美探長腦海中浮現了克林·伊斯威特主演的《緊急追捕令》（*Dirty Harry*），在片子裡，歹徒要神探疲於奔命，玩弄於股掌之間，他如今的情況正是如此。

歹徒大可模仿警匪影片，出盡壞主意，可是，在現實生活中的警探，卻不可能像片子裡的神探，動輒開槍制敵。

要是可以快槍懲惡，那可多大快人心啊！

胡財美探長摸了摸暗藏在長褲褲管內的左輪苦笑。

◆ 八

垃圾桶是放置在國泰戲院斜對面 50 公尺的安全島上，一走出天鵝咖啡座便可看到了。

歹徒顯然很熟悉這一帶的環境與地形，要不是居住在附近，便是早在幾天前已來這裡觀察。

安全島上有兩株大樹，旁邊又有幾株矮樹，垃圾桶若隱若現，而且，來往的路人也不少。

胡財美探長趨近垃圾桶，把裝錢的塑膠袋拋了進去。

接著，他依照歹徒紙條上的吩咐，由檳榔路朝烏節路慢慢步行，來到總統府外面，再過馬路，沿著獅城大廈走回天鵝咖啡座。

沿途，他發現取締組的弟兄，已經裝扮成為形形色色的路人，分布在烏節路、檳榔路、多美哥以及實利基路。

重重包圍，這次布局，可不能讓歹徒插翅而飛。

「胡先生，謝謝你的合作，你的老闆一定不會後悔付款給我們的，你可以回家了，慢慢走呵，哈……哈……」

掛上了電話，得意笑聲似猶未絕，胡財美探長迅速換上了另一件衣，駕車載了邱警長，朝勿拉士峇沙路飛馳，然後，由明古連街轉回檳榔路，把車停放在首邦大廈前。

他登上大廈高處，注視著包圍安全島十多名同僚的舉動，以及來往路人的舉止。

其中一組探員特別留意來往的車輛，因為，歹徒可能開車來到安全島旁邊，拿了錢袋後跳上車飛馳逃去。

死亡魔鬼黨，趕快現身吧！

時間在緊張的氣氛中飛逝。

223

黑白大鬥法

緊盯著的垃圾桶，始終沒人動過。

半個小時過去了。

或許快來了！

怎麼還沒動靜？

這批傢伙究竟又在搞什麼花樣？

是知道有警方人員在場，故意拖延時間，進行「拉鋸戰」？

胡財美探長滿懷信心地等著，十多年的辦案經驗告訴他，耐心與耐性是最可貴的；守株待兔雖然耗時費力，但卻最有效。只要對方沉不住氣，那便會露出馬腳，束手就擒。

敵不動，我不動。

靜觀其變，以靜制動。

一小時三十分在苦候中過得真慢。

難道歹徒改變了主意？還是他們知難而退，另思詭計？

或許，他們就快要來了……

下午 2 時 25 分。

歹徒還是不見蹤影。

胡財美探長的耐性與信心開始動搖。

他不安地步下首邦大廈，走到安全島上，望著垃圾桶，內心不斷地思索……

要不要上前檢視？

萬一歹徒剛好看到，豈不功虧一簣？

他猶豫不決，在垃圾桶前徘徊了約 10 分鐘。

環顧四周，路人往來，可是沒發現可疑的人，一個也沒有。

同僚的臉上也一片狐疑，並且夾帶著無可奈何之色。

這趟布局，看來是白費心機了。

胡財美探長抽了一口菸，遊目四望。

他的視線觸及國泰戲院前面一個大幅的電影海報。

又是警匪片，近來的警匪片可不少，歹徒有樣學樣……

他移開目光，注視著對面福樂居餐室前面的一個郵筒上。

他若有所思……

警匪片、郵筒、有樣學樣……

他的腦海紊亂，好像捕捉到了一些線索，跟警匪片、郵筒……相關的。

啊，對了，還有水溝！

胡財美探長猛地跳了起來，一個箭步衝到垃圾桶前面。

他臉色沉重，開啟了垃圾桶。

平日握槍平穩的右手，微微地顫抖著。

垃圾桶內，空空如也。

那袋「贖金」，不翼而飛！

垃圾桶底層開了個大洞，洞底是個水溝的出口。

果然不出所料。

胡財美探長啞然嘆氣。

原來，他方才忽然間想起最近由已故美國老牌牛仔約翰韋恩主演的警匪片《無所遁形》(*Brannigan*)。

黑白大鬥法

戲裡有一段這樣的情節……

綁匪先把安全島上的一個郵筒底層撬鬆，然後由附近的水溝爬入暗道，再慢慢爬到郵筒底下，移開郵筒底層，將贖金取走，而在路面上埋伏的警探，全都蒙在鼓裡。

放火勒索歹徒搬演了這段「瞞天過海」的手法，活學活用，竟然令警方陰溝裡翻船，栽了個大跟頭。

不過，歹徒也一場歡喜一場空，因為他們「智奪」到手的「贖金」全都是廢紙。

原來，在銀行提款時，警方已經把切成鈔票形狀的白紙，放進胡財美探長所提的袋子裡。

歹徒也上了警方的當！

這場黑白大鬥智，就此落幕。

這場「戲」的結局，警匪其實是「雙贏」，也是「雙輸」，算是勝負各半，「和局」收場。

歹徒是虎頭蛇尾，有始無終，有謀無勇。

警方布局嚴密，卻始終被動，棋差一著。

歹徒之後雖然還撥電到邵氏機構洩憤，揚言「改天再來」，但從此並未曾露面；或許是知道計畫並不容易進行，而且驚動了警方，使警方有所防備，萬一被捕，可不划算。

也或許歹徒功敗垂成，發生內訌，最後各奔東西，不了了之。

九

　　警方勞師動眾的結果，歹徒雖然沒再出現，可是連串的戲院縱火案，加上「贖金」在眾目睽睽下「失蹤」，實際上有失「面子」，當然是封鎖消息，尤其是不讓報界與電視記者知道。

　　案發後的一個星期，一家報紙圖文並茂，獨家報導了這場警匪鬥智的消息，連挖空底層的垃圾桶的照片，都刊登在頭版。

　　當時，流傳著兩個說法。

　　據說，刑偵局兩個菁英單位的老大「不和」，為了爭「上位」，當中一個單位的頭子，把消息故意透露給記者，還讓他帶攝影記者進來拍垃圾桶的照片，好讓對方「出醜」。

　　警方高層之後大表震怒，只好開記者會披露此案案情。

　　警方這一震怒，也「害」到各報意外新聞組記者，因為，這一組的記者，尤其是關係不錯的記者，在各警署與刑偵局串門時，向來出入自由，全靠一張「熟口熟臉」，哪裡需要出示記者證。

　　可是，此案發生後，不管是誰，進出警署與刑偵局，都得用記者證或身分證，換取准證，才能出入。

　　這兩個說法，警方沒有公開證實。

　　沒證實的消息，有時未必不是事實！

📷 黑白大鬥法

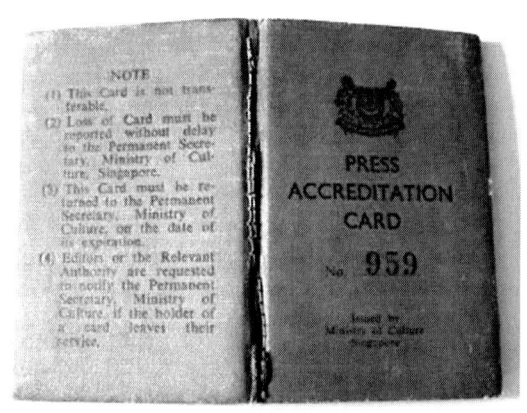

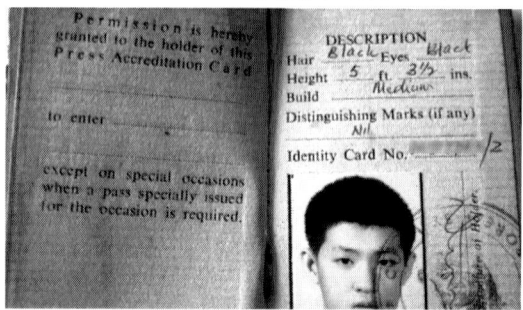

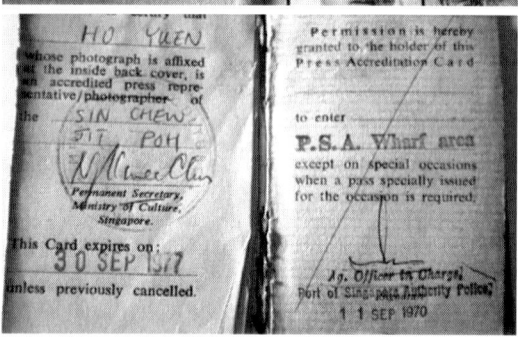

五六十年代的記者證,類似當年的警察識別證。
意外新聞組記者,昔日憑此「紅色」證件,自由出入警局和各政府機關。
警匪大鬥法,一個垃圾桶,「害」得記者證無用武之地。

悍匪血淚書

悍匪「蕃薯」是個黑白兩道追緝的「要犯」。

他搶劫開槍殺了人，警方發出通緝令；他向黑道租槍不還，黑道發出「追殺令」。

黑白兩道「聯手」布下「死局」，他唯有自尋死路，開槍自盡。

他留下了一封遺書，血淚凝成，痛罵父母，控訴社會……

難道他本身沒錯嗎？

悍匪血淚書

他是個黑白兩道追緝的「要犯」。

他搶劫開槍殺了人,警方發出通緝令;他向黑道租槍不還,黑道發出「追殺令」。

黑白兩道「聯手」布下「死局」,他前無去路,後有追兵,唯有自尋死路,開槍自盡。

他留下了一封遺書,痛罵父母,痛罵社會,血淚凝成。

難道他本身沒錯嗎?

◆ 一

1970年7月27日深夜。

大巴窯5巷第64座公共房屋樓下,一隊警方鎮暴車開抵,拉開封鎖線。好奇的居民都在封鎖線外圍觀,抬頭望著3樓。

晚上11時25分,刑事偵查局特別罪案調查組主任黃龍華副警監與私會黨取締組主任波卡斯副警監親自率領14名幹探到場,當中五名警員與多名鎮暴隊狙擊手,登上3樓,在公共走廊埋伏,等候攻堅行動的指示。

在這之前,警方已經在3樓的某個地方,布了一個「局」,引誘兩名歹徒「入局」,準備請君入甕。

警方人員封鎖了整座公共房屋的所有出入口,兩名歹徒理應插翅難飛,但由於警方獲知兩人身懷槍械,為了顧全民眾安危,警方人員沿家挨戶敲門叫醒住戶,催促他們趕快關好門,

然後隨即疏散到安全地點。

這一番疏散行動，住戶不知就裡，個個猶如驚弓之鳥，扶老攜幼，紛紛外逃。人聲沸騰，結果吵醒了兩名歹徒，但見 3 樓燈光忽然亮起，人影晃動，不久燈又熄了。

午夜 12 時，警匪對峙，劍拔弩張，一觸即發，氣氛緊張。

「樓上的人聽著，你們已經被警方重重包圍了，警方給你們 5 分鐘出來投降，不然，我們要衝進來了！」

黃龍華副警監用擴音器接二連三重複了相同的警告。

3 樓兩名歹徒的住處，仍然沒有回應。

最後一次警告過後，黃龍華副警監下令採取行動。

早已埋伏目標地點走廊兩旁的警探，馬上揮動鐵鍬擊破百葉窗，鎮暴警察也朝撬開的窗戶，一連投放多枚催淚彈，陣陣濃煙隨之冒起，嗅之欲嘔的濃濃瓦斯味四處飄散，燻得連樓下的圍觀者都感到難受，有些人的淚水還被「催」了出來。

接著，多名穿著防彈衣、戴著防煙面罩的警探，衝入了煙陣。

「我是小傻，我要投降！」

一個聲音在煙霧冒出的三分鐘後響起，語音抖動。

「快快高舉雙手走出來，我們絕對不會傷害你！」

警匪雙方都以福建話「喊話」。

「不行，我在屋後的浴室內，門被反鎖了！」

「你等一會，我們很快來救你。」

悍匪血淚書

一輛消防車前來支援，消防員架起了雲梯，持著機關槍的鎮暴警員破開浴室的門，命令降匪把衣服脫到剩下內褲，然後押他上雲梯，他一落地，警方替他上鐐，押往一旁盤問。

這個時候已經是 1970 年 7 月 28 日凌晨 1 時 30 分。

◆ 二

在現場密集盤問小傻的結果，警方確定了仍留在屋內的正是殺人通緝犯「蕃薯」。蕃薯向小傻表明，他不想再回去監牢，更不要投降。

催淚彈投入屋內的 10 分鐘後，打頭陣的四名警探踢開了目標地點的前房房門，發現一名男子仰臥在床上，一動也不動，他身穿白色背心及白色短褲，左太陽穴血流如注。

他就是蕃薯！

警方相信他是在山窮水盡、走投無路之下，舉槍飲彈自盡的。

蕃薯的左手還握著一把 0.32 口徑的自動左輪，內有六枚子彈；右手也握了一把同類型由西班牙製造的手槍，內有七發子彈。除此，還有一把裝有三枚 0.22 口徑子彈的土製手槍，放在旁邊的桌子上。

除此，蕃薯的身上竟然刺有蘇東坡的名句。右腿刺的是：人似孤鴻豈有信，事如春夢了無痕。腿上還刺有一幅骷髏，上書四個字：四海漂流。背部則刺了三個大字：愛與恨。手臂上

也有一些不知來自何處的詩句。

警方人員也在渾身是血的蕃薯的褲子後口袋，找到一封信。這封「絕命書」在警方大包圍之後並沒向外界公布，後來是在驗屍庭上當眾宣讀。

「絕命書」以中文書寫，蕃薯沒正式上過學校。他的中文是好幾次關在牢裡「自修」的，錯字難免，字句欠通，但已屬難得，而且洋洋千言，寫滿兩大張紙。其內容如下：

我在1942年出生，我叫陳樟來。關於我的身世，不明白的痛苦，沒有人教育我。我是在三歲的時候，雙親就各走各的路，把我當成廢物，就把我拋在婆婆的家裡，從此就靠婆婆為生。不久，婆婆過世，從此我就自己為生了，到現在我已29歲。我的環境和世界上的壓迫，我走上這條死亡的道路，就是希望能最後會見我的母親一面。我要她知道她是世界上最殘忍的女人。她的兒子會落到今天的地步，走上這條黑道路，做出不正當的事業，這全部是她賜給我的。我想見沈鳳香（母親）的目的，就是要當面對她說，是不是對兒子的責任就像這麼樣？（我請問？各位親愛的家長們，你們是對兒子也是這樣的嗎？）我相信除了我一個以外，沒有第二個做父母的這樣殘忍。俗語說得好：虎凶不吃兒，你們說對嗎？而且這樣的母親是不是應該在文章上給各位親愛的觀眾理論。

各位，小弟從小就失去雙親，一直就和婆婆在一起，婆婆早年也是有一點財產。可是，她也是一個好賭的人，把一切

悍匪血淚書

養活的錢都賭完了。直到我十來歲,那時婆婆就歸了天國,就留下我獨自流浪天涯。我從小就無依無靠,自尋自吃,才會落到今天的地步,家父是陳寶國,是不認妻兒,也沒有做起父親的責任,而且父親的生死到現在我也沒有得到他的消息。這樣的父親,這樣的殘忍,我相信世上沒有第二位。我這樣的遭遇,我的身分是不會有人知道的。人是不會諒解我的痛苦,除非我有一日死亡的日子。這張文會在報上登出後,我並非要人同情,我要各位知道我小時候的一般歷史,所走的方向與人倒轉,所做的事情與人不同,獻給親愛的人理論。一個孩子失去雙親的扶養,失去教育,他會感到怎麼樣?他會成為怎樣的一個人,所得到的最後結果就是一個「亡」字。

父:陳寶國,母:沈鳳香,子:陳樟來,又稱眼風。

蕃薯在書寫這封「絕命書」時,應該是感懷身世,一字一淚。

「絕命書」道出他悲涼痛苦的身世,說是自小被父母遺棄,無依無靠,在環境逼迫下淪為強盜,落得亡命下場。他也聲聲指責其父母將他生而不養,棄而不顧,實在是殘忍不過。

然而,他自己走上歧途,走上犯罪之路,難道本身就沒錯嗎?

警方後來找到57歲的陳寶國,他有到驗屍庭聆聽兒子的命案聆訊,但蕃薯卻永遠沒機會見親生父親一面。

陳寶國收破銅爛鐵為生,他聽完聆訊後,恍然若失,徘徊低語,頻頻搖頭,不斷嘆息。他似有所感觸,兩眼微紅,淚影晃動,有誰能了解他那一刻的心情?

◆ 三

　　從小傻的警方口供書中,蕃薯的身世背景隨之揭開。

　　早在 1955 年,原名陳樟來的蕃薯,只有 14 歲,但他已經受不了吃盡苦頭的生活,離開了笨珍老家,來到新加坡。他當時做了個發財夢,發誓要在 30 歲之前,賺到第一桶金 —— 100 萬元。

　　然而,夢畢竟是夢,夢破碎了,財也沒了,最後他用槍結束了生命,活不過 30 歲。

　　廣東人喜歡 3,把 3 當幸運號碼,是因為諧音「生」,一切活生生,生財有道。陳樟來的 3 卻帶給他厄運,3 個情人、3 把槍、躲在 3 樓被警方包圍,無生路可逃,連 7 月的最後 3 天都沒法度過……

　　他不但跟 100 萬無緣,開槍自殺時,袋裡只剩下兩角錢硬幣!

　　自稱是孤兒的陳樟來是在柔佛州一個靠海的村子出生,他與 80 歲的祖母相依為命。他的童年很不快樂,衣服破爛沒人補,鞋子穿破了,只好赤腳走。

　　他很羨慕同村的小朋友有學可上,他曾經要求上學,可是三餐不繼,溫飽成了問題,哪來多餘的錢供書教學,因此他始終無法如願。

　　「……經常挨餓與被打罵,我沒怪老祖母,無論她多窮,她都盡量讓我快樂。農曆新年眼巴巴看著同伴穿新衣、拿紅包、

吃大餐，但都沒我的份。我又羨慕又妒忌……逢年過節，我都是孤獨寂寞地度過。」

一日復一日，貧窮日子實難挨，他徹底絕望了，在一個豔陽天的早上，他跑出大路，坐了順風車，他不知何去何從，不知何處是兒家，只好隨著那輛車顛顛簸簸地來到新加坡。

來了新加坡之後，他認識了小傻，兩人成為「死黨」。小傻原姓沈，投降時28歲，他因為跟蕃薯結伴搶劫判刑6年，他是蕃薯的左右手。

為了「生存」與「爭取」所要的東西，蕃薯在14歲那年加入了私會黨，最初是收保護費，然後是當街打搶、拿槍搶劫、直到開槍殺人，他一步一步上了不歸路。

他在1970年成了警方第二號通緝要犯，頭號要犯是「千面大盜」林萬霖。林萬霖與警方槍戰伏誅後，不到兩個星期，蕃薯也在警方包圍下飲彈自盡，走上同一條黃泉路。

◆ 四

蕃薯雖然出入監獄多次，也活躍於私會黨圈子，但他所做的轟動案件時日並不長，最多是60天。引起警方通緝的重案便是1970年7月17日，也就是他被警方圍捕的10天前，他在打劫添樂錶行時，開槍打死錶行老闆方添樂。

案發當天上午9時30分，小坡大馬路添樂錶行開門營業

不久，六名歹徒分乘兩車停在店前，各留一司機把守匪車後，四人下車，兩人把風，兩人闖入店內，一持槍一以報紙包著鐵棒，制服老闆與三職員，持鐵棒的歹徒敲破玻璃櫃，驚動在店後面的小老闆，以為歹徒所持的是玩具槍，竟然伸手搶奪。

砰砰兩響，小老闆腿中彈。老闆方添樂見愛子受傷，失聲驚呼，高喊搶劫，而且還衝向槍匪，槍匪惡向膽邊生，接著又開兩槍，老闆應聲倒地。

警鈴大作，警方趕到時，62歲的老闆已經橫屍在隔壁的走廊上，37歲的小老闆方國存則右腿中彈，後留醫治療，並無大礙。

幾乎跟所有的大盜悍匪一樣，蕃薯不輕易相信他人，他對人總是冷冷的一副木無表情的神態，只有小傻是他的親信。

蕃薯與小傻最常躲在吉真那路一屋，該屋是個「龍蛇混雜」的不法分子的「避難所」，裡面還住了好幾個通緝犯。

「我們河水不犯井水，大家還算相安無事。」小傻在警方口供書裡這麼說。

直到1970年6月某天早上，兩人聽說有一個出租黑槍的人要躲進來同一間屋內。蕃薯當晚找這人「談判」，這人最初猶豫不決，蕃薯答應照黑道的一般租槍行規，把搶到的財物對分，最終那人「租」了兩把槍給蕃薯。

誰知道，蕃薯卻私下向小傻表明，他要將槍占為己有，同時也不打算分臟給租槍者。由於蕃薯「心裡有鬼」，怕黑道找他算帳，又要逃避白道的通緝，因此雙槍從不離身。

悍匪血淚書

「你這樣不講江湖規矩，你不怕……」

「我已經豁出去了，不管黑道白道，誰敢來碰我，我便給他們好看！」蕃薯說，他隨時以命搏命！

1970年6月5日，蕃薯與小傻招募了四個同夥，準備進行平生第一次「大買賣」，那不是街頭打劫的那種小事件，而是拿槍搶劫的大案。

第二天早上，他們在金融區的朱烈街攔劫一名店員，搶走4,200元現金。得逞後，他們登上計程車到芽籠16巷一家娼寮銷魂，又嫖又賭，好不快樂。

同一天傍晚5時，得意洋洋的他們食髓知味，闖入丹戎巴葛一家雜貨店，搶走300元與10瓶白蘭地烈酒。

三個星期後，錢花光了，蕃薯、小傻與兩個同夥又再犯案。這次，他們黑吃黑，打劫樟宜路一家地下賭窟，搶去1,800元以及一些首飾與手錶。

1970年7月1日，蕃薯與小傻闖入歐南路一家夜總會打劫，劫去1,000元現錢、支票、首飾等。

由於連做數案，肯定已經驚動警方，蕃薯決定躲藏之處從市區搬遷到郊區，以暫避風頭。

他們這回藏身在萬禮的叢林裡。

一個星期後，兩人捲土重來，打劫直落古樓羅弄K的非法賭窟，制服了20個男女賭徒，搶走一批現金與首飾。這次，蕃薯竟然開槍，子彈射偏，打中天花板，沒打傷人。

五

　　刑事偵查局特別罪案調查組連番追查，沒有實際的收穫，只能推斷這一系列劫案是同一夥歹徒所做。查案人員傳召了多名黑道分子問話，也比對了現場留下的指紋，但是，依然沒有破案的線索。

　　添樂錶行劫殺案的發生，是短短13天來的第6起冷血謀殺案，專門處理這類案件的特別罪案調查組菁英齊出，日以繼夜，但還是窮於應付，徒勞無功。

　　蕃薯與小傻則開始跟警方玩起捉迷藏的遊戲來，他們幾乎天天換住所，今天在三巴旺，明天在兀蘭，後天到芽籠⋯⋯

　　警方廣布眼線，不遺餘力追查的結果，終於露出了曙光。

　　黑道傳出，最近出現持槍搶劫的「新手」，並且提供了蕃薯與小傻的零星資訊。查案人員把這些資訊拿來跟添樂錶行劫殺案現場採集到的線索對比，初步推斷蕃薯便是幕後主腦，他便是開槍殺人的槍匪，而敲破玻璃櫃的則是小傻！

　　警方接著在電視與各語文報章，釋出了蕃薯的大頭照，把他列入受通緝的殺人犯，而且叮囑民眾千萬小心，因為他是身懷雙槍的危險人物。

　　警方在追查黑槍的來源時，掌握了一些線索。7月12日，警方突擊某個地下賭窟，蕃薯與小傻並沒在場，但警方卻逮捕了他的兩名同夥，掌握了關鍵的資訊。

　　警方獲知蕃薯的槍是從道上的朋友借來的，有借沒還，已

悍匪血淚書

經引起道上朋友的不滿,加上搶劫鬧出人命,「同道」都避之則吉。

10天之後,警方接到線人的情報:有人四處在找匿身之所,而這人的樣貌,正跟警方釋出的照片相似。

這名線人叫「仙頭峇」,他大約在半年前從監獄釋放出來,他表示要痛改前非,戴罪立功,自願向警方提供情報。

於是,警方開始著手安排妙計,找一名警探的家設下圈套,引誘蕃薯上鉤。這警探的家是在大巴窯5巷第64座公共房屋3樓。

線人「仙頭峇」則透過黑道放話,說是有地方可以「收留」道上落難的「兄弟」。蕃薯與小傻接獲「風聲」,不知是計,找上了「仙頭峇」,安排他們第二天到大巴窯留宿。

那天正是7月27日,「仙頭峇」帶他們投宿。當晚10時,「仙頭峇」帶回一個女人,女人手提兩包炒粿條,女的坐了一會兒起身告辭,「仙頭峇」送她下樓。

其實,那是警方的連環計,那女的是一名女警,她假扮是「仙頭峇」的「情人」,以約「仙頭峇」拍拖為名,一來打探房內兩歹徒的狀況,二來以「金蟬脫殼」之計讓「仙頭峇」可以安然脫身,免受懷疑以及萬一警匪發生衝突時,避開魚池之殃。

過了半個小時,「仙頭峇」仍未回來,小傻走近窗戶,發現鎮暴隊的紅車停在樓下;他告訴蕃薯,蕃薯看了看說,政府人員要來包圍了,於是把燈關熄了。

不久,聽到政府人員喊他們的名字,叫他們投降。小傻要求蕃薯投降,蕃薯拒絕,叫他走去屋後陽臺投降。

　　小傻步出陽臺,蕃薯把通往陽臺的浴室的門關了,然後回去房內。就在他從爬上雲梯之前,他聽見蕃薯爆粗口大罵警察,接著,房內傳出槍聲。

　　蕃薯左右手都會開槍,平日出門,腰繫雙槍,外穿夏威夷襯衫遮住。他要是跟警方交戰,恐怕傷亡會不堪設想。

　　從他留下的血淚「絕命書」的摺痕推斷,他存放在褲袋裡已經有一段時日。難道他早已預料有這樣的結局,窮途末路,不想做困獸之鬥?還是他已厭倦了亡命生涯,發財夢既然已破,又何苦強求?抑或他早已經有了「求死」的心,來向父母與社會,做出血的「控訴」……

📷 悍匪血淚書

殲匪勇輔警

　　劫銀樓珠寶行之風，在警方嚴打之下，70年代沉寂一時後，80年代又捲土重來。

　　這一回來勢更洶，強盜擁槍之外，還破天荒動用了手榴彈！

　　警匪當場槍戰的結果，一歹徒斃命，同夥則被警方第一次憑現場指紋作證據，判處了死刑。

殲匪勇輔警

無論法令多嚴厲,總有不法之徒,向司法挑戰。

頒布軍火法令,加強執法,劫銀樓珠寶行之風,在70年代沉寂一時後,80年代又捲土重來。

這起金鋪劫案創下三個第一。

這一次,來勢更洶,強盜不但出動了手槍,還破天荒第一次動用了手榴彈!

這一次,勇與強盜槍戰,殲滅強盜的不是正規的警察,而是一名金鋪的工商保全輔警。

這一次,也是警方第一次憑現場留下的指紋作證據,判處槍匪死刑。

◆ 一

「搶金」熱潮自50年代到80年代,起落不定,經常在警方破案擒盜之後,沉寂一時,另一支集團又崛起,捲土重來。

尤其是1983年到1984年上半年短短五個月內便發生了二十多起銀樓劫案。

強盜為何對「搶金」特別「垂青」?

除了金飾珠寶值錢,容易脫售之外,另一個原因是:直闖金店,阻力不大,來去時間很短,脫身不難。

搶金的強盜一般都是有組織的,事先亦經過一番策劃,他們專門選擇一些走廊可以直通停車場,或者店外可以停車的銀

樓，作為下手的目標。

強盜搶銀樓的手法大致上如出一轍：持刀、揮斧、舞錘、動槍等等。一進店便直劈玻璃陳列櫃，嘩啦啦碎片響，金飾落滿袋，一旦得逞，贓物脫手，不是十萬八萬元，便是數十萬到整百萬元。

強盜逃跑的工具以偷來的摩托車與汽車為主，多數是掛上假車牌。逃走的目的地是馬來西亞，因為不少案件等到查案人員到場，車已過關進了新山。

50年代的銀樓劫匪多數是持槍上門，遇到有人反抗，開槍阻止，強盜多數以真面目出現。60年代軍火法令加強，「搶金」熱潮漸冷，即使做案也蒙面進行。

70年代，由於銀樓珠寶行的保全設備加強了，劫匪與隱藏式攝影機及閉路電視大鬥法，他們多數戴上了安全帽，加上防風面罩，做案時一聲不響，來去如風。多個集團成員甚至是一身黑色「日本忍者」裝扮，黑衣黑長褲，黑頭套黑手套，只露雙眼，瞪著無可奈何的閉路電視與隱密攝影機！

警方之後提出多項建議，包括裝置「防盜玻璃」與聘請荷槍實彈的工商保全警察。

橋南路的天成金鋪是其中一家聘用工商保全輔警的金鋪。這天是1992年11月19日下午3時左右。

22歲的工商保全警員卡南星，當時正佩戴著左輪，在金鋪內巡邏。兩名強盜一前一後，旋風式的闖進店裡。

兩盜戴著附有塑膠面罩的安全帽，各持一把銀光閃閃的短

槍，一進店裡，當中一盜以馬來話喝令卡南星把槍收好：「別開槍，不然我開槍要你的命！」

卡南星很自然地用右手摸了摸槍柄，那名強盜馬上朝他開了幾槍，射中了他的右腿。

好個卡南星，忍痛負傷拔槍還火，金鋪內 30 名男女職員與 8 名顧客在子彈橫飛之中，大呼小叫，紛紛躲避，一名女顧客被流彈打傷，一職員則機警地按動了警鈴。

警鈴大作，兩盜不敢戀棧，當中一盜在跟卡南星交火時，腹部中了槍，他跟同黨衝出店外，登上先前停在外頭的摩托車，踏足油門逃跑。

卡南星毫不放鬆，一鼓作氣，持槍尾追。中彈強盜的同黨坐在摩托車後座，見此情形，轉身開槍阻止卡南星，結果流彈打傷了金鋪一名 57 歲姓歐的男職員。

中槍盜徒腹部流血不止，摩托車搖搖晃晃，行駛了 200 公尺，車倒人仰，後座同黨跌倒在地後掙扎起身，舉槍攔截路過的客貨兩用車，威脅兩名女營業執行員下車，開了兩槍警告她們，然後開車逃去。

警方人員趕到現場時，發現中槍強盜已經斃命，他身邊掉落一把裝了六枚子彈的自動手槍和一個黑色皮包。

皮包裡有兩個子彈盒，一個裝有九枚 0.38 口徑的槍彈，另一個裝了八枚不同口徑及四枚 0.38 口徑的子彈。最令警方人員吃驚的是：還有兩枚手榴彈！

攜帶手榴彈打劫,可說是前所未見。

強盜帶上手榴彈的動機是什麼?除了用來搶劫,難道還有其他大陰謀?

慶幸的是:手榴彈沒派上用場,沒造成無辜人命傷亡。而對強盜而言,則是賠了夫人又折兵,分文未到手卻已一死一逃亡。

◆ 二

查案人員趕到現場,運用當年最新的科技儀器——自動指紋鑑定器,結果在短短的幾分鐘內,確定了中槍身亡的強盜的身分。

死者是 27 歲的馬來西亞人李國成,綽號「頭家」,在新加坡有偷車及搶劫的案底,他在 1987 年坐過牢,1989 年獲釋。用來做案的摩托車便是幾天前從芽籠一帶偷來的。

查案人員同一天在案發現場不遠的馬吉街,發現在逃強盜棄置的客貨車,並在車子的擋風鏡上,採集了一些指紋,當中一個指紋揭露了在逃強盜的身分,更成為日後法庭最有力的證據,在逃強盜正是「死」在這個指紋上。

這個強盜是 29 歲的黃庭雙,也是馬來西亞人。

在警方進一步查證,以及科學化驗局的化驗結果,發現金鋪留下的子彈殼跟一個月前一起劫殺案起獲的子彈出自同一把槍,顯示當場被打死的李國成,原來還背負著殺人的滔天大罪。

殲匪勇輔警

這起案件發生在 1992 年 10 月 5 日，橋北中心一家錢幣兌換店被搶，姓黃的老闆兩兄弟不甘被搶，雙雙反抗，卻遭強盜連開數槍，34 歲的老闆慘死，32 歲的弟弟胸部受了槍傷。除此，錢幣兌換店採集的一個鞋印也跟李國成左腳穿的鞋子吻合，證明了兩案皆為他所做。

在聯絡了馬來西亞警方之後，李國成更多的罪行隨之揭發，檳城警方傳來的情報透露，案發一年前，李國成手持雙槍，身帶兩枚手榴彈，闖入北海一住家，挾持與搶劫一名商人。商人沒現金在身，開了一張一萬元支票給他，他卻憤而把支票撕個粉碎，並朝商人右腿開了一槍，他臨逃之前也向路過的車子胡亂開了幾槍「洩憤」。檳城警方從支票上的指紋追查到他的身分，但他已經藏匿起來。

幾個月後，北海一家銀行遇劫，強盜開了六槍，子彈殼交給新加坡科學化驗局查驗，證實也是出自李國成的自動手槍。

◆ 三

在逃強盜黃庭雙是在天成金鋪搶劫案發生的一年後，在馬國犯案落網的，之後引渡回來新加坡接受警方盤問後，控上法庭，面對槍傷工商保全輔警、金鋪職員以及用槍威脅女營業執行員，攔劫車子等罪名。

他最初否認所有的罪狀，辯說他案發時不在新加坡，而且

還指稱是被警方人員「屈打成招」。控方最終憑他留在攔劫車子車窗的左手尾指的指紋，作為有力的證據，拆穿了他不在現場的謊言。

控方運用自動指紋鑑定系統，將車窗採集的指紋與黃庭雙的比對，發現了 16 個共同特徵，然後交給專家分析，證實無誤。

根據指紋專家的意見，在 1,600 萬人當中，只有兩個人具有 12 個指紋存在共同的特徵。如果是 16 個共同特徵，則需要有 2 億 2940 人，才找到另一指紋相同者。因此，裁定呈堂的指紋確實是黃庭雙的。

除此，黃庭雙的三份口供書，互相矛盾，說法不一。最先說是以為死者李國成給他的是一把假槍，後來又說是他拿了那把槍，但不知道是真的還是假的，最後卻透露，他開了兩槍。

自動指紋鑑定系統是警方在 1990 年花了 1,000 萬元向日本購買的。負責人只要將罪犯的指紋輸入指紋閱讀系統，把指紋轉換成電碼，以每秒 800 個指紋的速度，跟檔案組資訊庫所儲存的 20 萬組（一組有 10 個指紋）指紋對照然後放大，只要指紋輪廓吻合，身分便無可遁形了。

在這起案件之前，一些偷搶案件審訊中，控方也曾經利用被告的指紋當證據定罪，可是，對死刑的審訊，天成金鋪警匪交火案，指紋作證，「判死」罪犯，可說是前無此例。

殲匪勇輔警

血濺鑽石屋

　　1970年代，搶劫銀樓之風甚盛。鑽石屋劫案一波三折，驟變連連；死了兩條人命；一個是強盜，一個是無辜市民。

　　最駭人的是開槍殺死市民的竟然是個前警員，他逃亡泰國之後，同夥雖然落網，他的生死，卻始終是個謎！

血濺鑽石屋

1970年代，搶劫銀樓之風甚盛，幾乎每天都發生。

那麼多的銀樓珠寶店劫案，為何要特別提起鑽石屋劫案？

原因之一是：這起案件一波三折，驟變連連。死了兩條人命；一個是強盜，一個是無辜市民。

原因之二是：開槍殺死無辜市民的竟然是個前警員，而且他的生死，始終是個謎！

第三個原因是：攝影機第一次成為揭露強盜身分的「好幫手」。

◆ 一

當時劫銀樓的強盜多數結伴直闖入店，手槍、鐵棒、斧頭齊出。膽大包天的搶匪，有些以廬山真面目出現；也有的「忍者」打扮，蒙頭遮臉，但多數是戴了安全帽。當局從此禁止戴安全帽走入銀樓與銀行，甚至是建築物室內。這項措施跟防範搶劫不無關係。

1973年底，鑒於持槍打劫案件有增無減，加上強盜掠奪財物之餘，動輒開槍傷及無辜，政府頒布了嚴刑峻法——持槍搶劫者，一旦罪成，最高處罰不是無期徒刑，便是死刑。

可是，以身試法、視死如歸的強盜不乏其人，非但目無法紀，還變本加厲，胡亂開槍。

1974年中期，在短短一個星期內，兩家珠寶行與一家鐘錶

店先後遇劫。

闖珠寶行的強盜似乎以開槍為快,一進店連開六槍。劫鐘錶店的也不甘示弱,歹徒開了兩槍。這兩起案件雖然無人傷亡,消息傳出,商家難免人心惶惶。

警方下令加強對銀樓珠寶店、鐘錶行以及當鋪的巡邏。各警區紛紛成立「阻盜」專案小組,把強盜可能下手的目標列入巡邏名單。

「阻盜」專案組員以便衣出巡,暗伏店內,監視可疑人物,以便奇兵出擊,先發制人,阻止劫案的發生。

東陵路旅遊促進局附近的鑽石屋是名單中可能被劫的目標。

主要的原因是:鑽石屋可算是很不走運,不止一次遭強盜光顧。半年之前那次最嚴重,四盜闖店,一持槍,一拿刀,一揮鐵錘,一舉鐵棒,制服店內四名職員後,錘棒齊下,擊破玻璃櫃,在七分鐘內,搶去總值15萬元的金飾。四盜奪門逃跑時,還開了一槍「示威」。這支集團後來被警方粉碎了。

其次,鑽石屋最近剛買進一批價值不菲的名鑽與珠寶,尤其是鑽石在當年極易脫手,是強盜的「最愛」。

奉令便衣巡邏的是烏節警署的陳興福警員與兩名警探。

這天是1974年9月26日下午1時25分。

陳興福警員到鑽石屋巡邏了好幾次,跟老闆與職員相當熟絡,因此,三人一踏入店內,股東張雪霞已經笑吟吟地招呼他們。

血濺鑽石屋

「最近生意不錯吧?」

陳興福警員客套一番後,銳利的眼光轉投向店外。

「還好,辛苦你們了。」張雪霞總是一臉和氣。

「有什麼可疑的事情發生嗎?」同來的一名警探問。

「還好,沒什麼特別的事情要報告的。」張雪霞依然是笑容滿面。

這時,兩名穿著斯文的年輕男子推門而入。走在前頭的男子穿長袖上衣,結著領帶,戴著墨鏡,提著「詹姆士龐德」公事包。

這名男子把公事包放在櫃檯上,以流利的英語,從容不迫地說:「這裡有鑽戒賣嗎?我要一枚。」

陳興福警員與同僚見有顧客上門,知趣走開,各尋不同的角落坐了下來。陳興福警員選了一根柱子的後面,坐了下來。

張雪霞笑著站起身,她正要開啟陳列櫃時,跟在男子後面的同黨,右手揮動一把槍,指著張雪霞與三名女職員,他以英語喝令:「這是搶劫,全都別動!」

張雪霞嚇得魂不附身,馬上伏在櫃檯之下。兩名女職員則嬌呼驚叫,身子不斷顫抖,另一名比較鎮定,在伏下身子時,悄悄按動了錄影機的運作系統。

砰砰砰⋯⋯

連串槍響,然後是玻璃破裂聲與慘叫。

二

陳興福警員與兩名同僚在持槍強盜高喊搶劫時，分別從店內不同的角落站了起來，他暗中拔出了裝上五枚子彈的左輪，全神貫注，打量兩個強盜的一舉一動。

持槍強盜先用槍制服張雪霞與女職員等人後，掉轉槍頭，對準陳福興警員與兩同僚，只聽見手槍傳出「卡」的一聲，顯然子彈已經上膛，扳機正在轉動。

眼見同僚面臨險境，陳福興警員心念一轉，當機立斷，採取聲東擊西，轉移視線的策略，力求來個大逆轉。

於是，他一邊慢慢揚起了左輪，一邊朝對方高喊：「別動，有種的就來吧！」

這時，原本在店外把風的第三個強盜也闖了進來，而且伸手從腰間拔出一把槍，作勢欲開。

整個場面登時緊張得令人透不過氣。

陳興福警員這招「激將法」果然奏效，三個強盜被他這麼理直氣壯一喊，反而大感驚愕，神情有點慌張。陳興福警員在三盜猶豫不決的關鍵時刻，一連開了五槍。

持槍高喊搶劫的強盜首當其衝，左肩近胸以及背部連中四彈，當場血濺鑽石屋。

他的兩名同黨，倉皇奪門逃命，當中一盜背部有血流出，似是被流彈所傷。

血濺鑽石屋

　　陳興福警員五槍彈無虛發，眼見制敵成功，不禁鬆了口大氣，連忙招呼兩名同僚，一起追出門外，可惜，兩盜已經不知去向。

　　陳興福警員只好走回鑽石屋，他俯身檢查中槍強盜，死者個子高大，頭髮捲曲，身穿紫色蠟染襯衫，乳黃色長褲，新潮高跟鞋，手上還握著槍。死者的身分之後查明是24歲的陳振波，當過船員。

　　正當陳興福警員向查案警長彙報案發過程的時候，沒想到，一場槍戰還沒完結，不遠之處，竟然又傳來兩聲槍聲！

　　這一驟變，出乎意料。

◆ 三

　　槍聲是離開鑽石屋不到一公里的羅渣利道傳來的。

　　之前，一輛豪華汽車停在一棟洋房前面，裡頭坐著51歲的馬來司機惹化，他的僱主是一家金融公司的老闆。

　　惹化當時準備伏在方向盤小歇片刻，一名男子怒氣沖沖地鑽進車內，拔槍指著他。

　　「快把車鑰匙交出來！」

　　「不！」惹化嚇得雙手猛搖。

　　男子目露凶光，罵了句粗話之後，竟然朝惹化開了兩槍。

　　陳福興警員便是被這兩聲槍聲驚動的，他與查案警長馬上

聞聲趕到現場，惹化的左胸與頸項鮮血淋漓，早已沒了氣息。

可憐的惹化，21年來靠開車當私人司機養活七名子女，豈料，竟然不明不白地成了強盜的槍下冤魂。

查案人員推斷，開槍的肯定是從鑽石屋落荒而逃的兩盜之一，沒想到這夥強盜如此心狠手辣，胡亂開槍，濫殺無辜！

這時，警方的無線對話機傳來了一項消息：「開槍強盜已經攔劫了一輛計程車逃跑，全島正設下路障，追查強盜行蹤。」

原來，50歲的計程車司機盧浩之前在鑽石屋不遠的馬可波羅大飯店後面的咖啡攤喝下午茶，他之後準備駕計程車開工時，先是聽到兩聲槍響，驚魂未定，尚未回過神之際，一把槍已經指著他的頭。

「要命的別出聲，快載我走，快！快！」

威脅他的男子，二十多歲，說福建話。

被押上計程車後，男子命令他不准回頭看，然後要計程車朝植物園的方向開去。

盧浩六神無主，哪敢作聲，只好如言照辦。

計程車來到植物園，剛好紅綠燈轉紅。盧浩把計程車停下，背後傳來厚重的關門聲。

綠燈一亮，盧浩頭也不回，直接把計程車開入女皇鎮警署報案。

他和另外一名目擊者建築工友馬吉給警方的口供大同小異：「在逃男子一臉凶相，動作快捷，再見他時，不易辨認。」

血濺鑽石屋

　　這起警匪交火釀出雙屍的轟動案件發生後，引起本地各報章的關注，各報意外新聞組記者紛紛趕到現場採訪時，卻節外生枝，掀起警記「舌戰」風波。

　　事緣一名非華人警官在現場以「粗暴」動作推開記者，他自稱是烏節警署警官，卻未出示警官識別證，在場記者表示不滿，在報上炮轟。

　　第二天，相關警署透過警方發言人，在報上公開道歉，一場風波就此平息，警記「歡喜冤家」和好如初，繼續合作。

◆ 四

　　鑽石屋自半年前遇劫之後，安裝了隱祕的攝影機，這種攝影機可說是今日閉路電視的「老大」。警方在案發後，將攝影機帶回刑事偵查局調閱，兩名在逃強盜的模樣，原形畢露。

　　這卷錄影雖然只有三分鐘，但三盜搶劫鑽石屋的過程，拍得一清二楚，只有陳福興警員開槍打死強盜的那段，由於被柱子遮擋，沒有拍到。

　　錄影帶顯現的當中一盜，多名警方人員覺得很面熟，他原來曾經一度是「自己人」。此人姓彭，洋名卡巴拉，當過三年警察。據稱，他中了一回馬票之後，辭職不做。

　　可是，這筆橫財來得快去得也快，不到幾個月，他把贏來的錢，悉數還給了賭桌，於是，離鄉背井，航海為生。

另一盜姓鍾，名亞森，洋名維特，獨生子，原本是棧房工人，後來當船員。

卡巴拉與維特在航海時，跟伏誅的陳振波認識，大家「臭味相投」，而且都是四海為家，沒有後顧之憂，因此，在回來新加坡岸上的途中，策劃了這起劫案。

他們萬萬想不到的是：出師不利，遇上了「拚命三郎」陳興福警員，一人當場被槍殺，兩人狼狽逃跑。不過，他們也委實太狠了，跑歸跑，卻還要殺死無辜的司機。

警方事後釋出追緝卡巴拉與維特的照片與文告，但兩盜已經逃去泰國。

直到1975年底，案發差不多一年之後，警方才接獲泰國的通知，趕到機場逮捕了31歲的維特。維特是因為觸犯了泰國的移民法令，在曼谷一家飯店被捕，泰警發現他是新加坡的通緝犯，便通知警方，押他返新。警方接著帶隊到他勿洛的住家搜查，從屋後的雞寮，起獲了一把當年搶劫鑽石屋所用的自動手槍。

1976年8月，維特在法庭上辯稱，他在劫案中只是扮演「把風」的小角色，但在軍火法令之下，他最終還是受到了嚴懲，判處了無期徒刑與鞭打六下。

至於卡巴拉的下落，根據維特在庭上透露，卡巴拉是鑽石屋劫案的主腦，司機也是他開槍殺死的。維特還聲稱，卡巴拉在逃亡泰國期間，因為做案遭泰國警方包圍，插翅難飛，開槍自殺。

血濺鑽石屋

可是,在新加坡警方當年的「十大」通緝名單上,殺警的「阿發」名列榜首,逃亡 19 年的許國順列第二,而卡巴拉排第三。阿發伏誅、阿順判死刑後,「上榜」留名最久的,就是卡巴拉。

最弔詭的是:此人是死是活,還是一個未解的謎!

國家圖書館出版品預行編目資料

血色鏡頭，新加坡真實罪案調查全紀錄：雙槍胡金枝 ╳「白臉」阿協 ╳ 殺警槍匪莫達 ╳ 千面林萬霖……從懸疑案件到法庭審判，深入解析犯罪心理與社會影響 / 何盈 著 . -- 第一版 . -- 臺北市：崧燁文化事業有限公司 , 2024.09
面；　公分
POD 版
ISBN 978-626-394-853-2(平裝)
1.CST: 犯罪心理 2.CST: 犯罪行為 3.CST: 個案研究
548.52　　113013134

血色鏡頭，新加坡真實罪案調查全紀錄：雙槍胡金枝 ╳「白臉」阿協 ╳ 殺警槍匪莫達 ╳ 千面林萬霖……從懸疑案件到法庭審判，深入解析犯罪心理與社會影響

作　　　者：何盈
發　行　人：黃振庭
出　版　者：崧燁文化事業有限公司
發　行　者：崧燁文化事業有限公司
E - m a i l：sonbookservice@gmail.com
粉　絲　頁：https://www.facebook.com/sonbookss/
網　　　址：https://sonbook.net/
地　　　址：台北市中正區重慶南路一段 61 號 8 樓
8F., No.61, Sec. 1, Chongqing S. Rd., Zhongzheng Dist., Taipei City 100, Taiwan
電　　　話：(02) 2370-3310　　傳　　真：(02) 2388-1990
印　　　刷：京峯數位服務有限公司
律師顧問：廣華律師事務所 張珮琦律師

-版權聲明-

本書版權為新加坡玲子傳媒所有授權崧博出版事業有限公司獨家發行電子書及紙本書。若有其他相關權利及授權需求請與本公司聯繫。
未經書面許可，不得複製、發行。

定　　　價：375 元
發行日期：2024 年 09 月第一版
◎本書以 POD 印製
Design Assets from Freepik.com

小知識【審訊制度一二事】

　　新加坡在 1965 年 8 月 9 日獨立後，仍然沿襲英國的司法制度。死刑的審訊制度亦隨時代和情況有所改變。比較重要的變革（截至 1990 年代）包括三大項：

　　一、1969 年 12 月 26 日，陪審團制度廢除，死刑案件改由兩名高等法院法官聯審。

　　二、1989 年 4 月 18 日，死刑案件改由一名高等法院法官或者司法委員審理。

　　三、1989 年 4 月 21 日，廢除死刑案件向英國樞密院上訴的制度，改由本地最高法院上訴庭三司會審。

小知識【CID 一二事】

小知識【CID 一二事】

刑事偵查局（Criminal Investigation Department，簡稱 CID），是新加坡家喻戶曉、罪犯聞風喪膽的名字。

刑偵局最早成立於西元 1864 年，原名是「警探署」(Detective Branch，福建話俗稱「暗牌厝」)，1901 年改名至今。

隨著科技日新月異，犯罪伎倆層出不窮，刑偵局數度改組，目前共有重大罪案、特定罪案以及科技罪案等八個署。

當中以重案署最受矚目，被形容是刑偵局的菁英單位。

重案署舊稱私會黨取締處，四五十年代細分為福建幫派、廣東幫派以及馬來與其他幫派調查組，其屬下「凶殺案調查組」(Homicide Section)，成立於 1950 年，主要偵辦謀殺案。

1970 年，凶殺案調查組易名「特別罪案調查組」，(Special Investigation Section，簡稱 SIS)，除了謀殺案，也負責綁架和重大天災人禍。該組分 5 小組，共有警探不到 40 人。

2002 年，取締組（Organized Crime Branch）解散，特案組接手調查和軍火相關的案件以及有組織的罪案。

除此，罪案現場調查組、罪犯檔案組、刑事情報組、肅娼組、肅賭組、盤問組、提控組以及內部調查組等，都已先後改組。

跟警方查案有密切關聯的法醫部門、科學服務局以及法證監識組等則屬於衛生部，亦隨時代的挑戰，改組易名。

亡命匪喊冤

　　許國順落網之後,「我們心中又燃起希望。結果又說沒控他謀殺我弟弟,我實在很失望,這 19 年來,我等了又等,等不到一個了結,覺得很難過,弟弟冤死了這麼久都還得不到一個清白!」

念：要了解殺死弟弟王慶福的凶手是誰，好還弟弟一個公道，讓弟弟走得瞑目。

這位大哥，手足情深。他最先抱著悲慟的心情等了 14 年，1998 年 12 月盼到他所要的答案：凶手的身分。

那年，驗屍庭判決，王慶福是遭槍手許國順殺死，不是被警方的子彈所傷。

無奈許國順當時仍逍遙法外，王慶福的家屬陷入永無止境的等待，等待凶手落網，親口承認人質是他殺的。

或許是老天有眼，許國順潛逃了 19 年終於落網。不過，案件過堂時，許國順槍殺弟弟王慶福的案件卻判處「無事省釋」。

王小銘悲慟的說：「外人知道我們有多痛苦嗎？弟弟無辜喪命，母親承受不了打擊，在 6 個月後去世，父親相隔半年後也離世了。一年內失去三名至親的感受，有多少人能了解？」

弟弟去世後，家裡的兄弟姐妹無法接受殘酷的現實，把弟弟所有的生活照燒了，以免觸景傷情。

「我以前曾希望可以快快樂樂活到 80 歲，現在我永遠失去弟弟了，這麼多年了，我依舊不知道要怎麼去接受這個事實……」

19 年來等了又等，卻始終等不到一個了結，王小銘心情轉折再轉折，始終無法釋懷，依舊悲慟弟弟冤死。

案件發生後，王小銘幾乎每天都打電話去煩查案的警員詢問進展。

「我日夜都希望真相大白，讓弟弟九泉之下能夠早日安息。」

亡命匪喊冤

自此,長女每隔一個月便會到監獄探望父親;不過,母親始終沒去探監。

她已原諒了父親,她是許國順生日那天去探監的,她淚流滿面地說:「我選在那天是因為我發現在我 30 年的生命中,我從來沒向他說過一句『爸爸,生日快樂』。」

看到父親時的那一刻,她的心在抽搐。

「我們的感情都崩潰了,我故作堅強,不讓淚水掉下。」

19 年來音訊全無,全家人都以為許國順已死了。長女從來不敢問祖母和母親關於父親的事。因為每回一提到父親,全家人立刻會精神恍惚,或是不停哭泣。一直到 2003 年底,她接到警方的電話,通知她父親已被捕,她以為對方在開玩笑,訓了對方一頓。

兩個星期後,母親撥電給她,說她在華文報讀到父親被捕的消息。母親哭著要她翻閱那篇報導,她顯得十分震驚。

她和父親在監獄中重逢,真的恍如隔世。然而相聚時刻太短了,父親最終判處了死刑,從「失而復得」到「得而復失」,也真是造化弄人。

「父親最後的心願是能夠還他一個清白,他不是殺人凶手!」

遇害人質王慶福一家的日子也很不好過。弟弟疑遭槍匪槍殺,父母在愛子出事後相繼去世;短短一年內痛失三名至親,做大哥的情緒直落谷底,19 年來難以釋懷。

19 年來,53 歲的二手承包商王小銘心裡始終秉持著一個信

母親回來後，她們才知道父親犯了法「跑路」，警察要捉他。至此，一家人活在「恐懼自閉」的環境中。

父親出事後，周遭的親戚開始遠離她們。由於怕朋友疏遠，姐妹倆從來不敢讓朋友知道父親是個通緝犯，兩人自小過著孤單的童年，絕口不提父親的事。

長女最敬佩的是19年來忍辱負重、含辛茹苦帶大她和妹妹的母親。父親一夜之間「消失」，自此，挑起生活和養育兩姐妹的重擔，全落在母親一人身上。

「這麼多年來，母親拚命工作，把我們撫養成人。」

母親獨自挑起一頭家，當過裁縫賺取生活費，之後有了積蓄，才和阿姨合開了一間小雜貨店。

「我的母親很可憐，她是個單親媽媽，壓力又那麼大，她是可憐又勇敢的媽媽。」

母親在最艱難的時刻，承受了無比的壓力，人開始憂鬱，必須依靠輔導，才能繼續撐著身子頂下去。

許國順的妻子數十載含辛茹苦，歷盡艱辛，一番心血總算沒白費。她一手供長女和幼女念大學和理工學院，母兼父職，犧牲不小。

許國順也算是良心未泯，在長女來探監時，以福建話對她連聲說了「對不起」。

「他為他不能看著我們兩姐妹成長，感到很對不起我們。他感到很內疚，要我代他謝謝媽媽。」

的子彈不是 0.38 口徑的,而警員的槍彈都是 0.38 口徑。

其三、許國順當時拿的是把 0.22 口徑的自動手槍,致命子彈卻比 0.22 口徑大一些,難道許國順身懷雙槍?可是,那是怎樣的一把槍?槍在何處?現場無法尋獲,許國順落網時,也沒找到⋯⋯

無論如何,許國順觸犯的三項軍火法令最終還是被判罪名成立,法官判處他死刑。

他之後提出上訴,在上訴時,他情緒失控,在犯人欄以華語高喊:「我可以說話嗎⋯⋯我不服氣⋯⋯我是冤枉的!」

◆ 八

一枚致命子彈,擊碎兩個家庭。

許國順的長女在父親逃亡時,只有 10 歲。她在想起當年的經歷時,一切猶歷歷在目,每回想起,眼淚總是不聽話。

「當時已是傍晚,鄰居跑來學校告訴我,我們的家被警察包圍了。」

鄰居當時還叫她打電話通知在祖母店裡幫忙的母親,家裡發生了大事。

那個傍晚,還穿著睡衣的她和年僅 6 歲的妹妹,一起被警察帶到警局問話。警察不停地問她們父親的行蹤,她們哪裡知道,嚇得不斷的哭了。

逃跑。

與他槍戰的林家振探警與馬里亞警長則雙雙咬定許國順不是朝空開槍,而是以45度的角度向他們開槍。

許國順對謀殺人質罪狀暫時撤銷感到很不滿,他寧願控方提控這項罪狀,好讓他在審訊中抗辯,證明他的清白。

為什麼控方會申請暫時撤銷這項謀殺人質的罪名?控方沒在法庭上公布原因,留下了本案最大未解之謎。

為何許國順對多項開槍罪都沒否認,偏偏不承認殺人質,堅持要還他清白?

甚至當時主審的法官還如此問主控官:「難道到了現在,你們的調查還不能讓你們知道,人質是否有可能是被被告的槍射死的嗎?」

主控官回答還沒接到相關指示,法官指說,這些事情應該是可以調查出來的,被告提出的要求並非不合理。

人質王慶福右頸那枚要命的子彈究竟從何而來?他到底是被誰殺害的?當時,有三個推斷:

其一、許國順辯稱他坐在王慶福左方,子彈不可能會「轉彎」打中王慶福右頸;不過要是如法醫趙自成教授所推測,許國順右手拿槍,懷抱著王慶福的右肩,然後開槍,是有可能擊中右頸的。

其二、許國順指說,槍聲從貨車後方傳來,那是否是警槍誤傷?但是,當天所有警員的手槍都已經查驗過,王慶福右頸

亡命匪喊冤

「我已經無法回頭了。」

他面對的軍火法令處分是死刑,替他辯護的律師由政府委任。

他第一次見律師,對案情的追述,記憶猶新,每個細節,一清二楚。唯有提到人質被殺一事,他始終矢口不承認。

對於家庭,他更不願意多說,或許他知道拋妻棄女 19 年,心裡非常愧疚。

許國順原本被控四項罪名,當中三項是觸犯軍火法令的罪狀,即開槍跟警方交戰、搶劫時開槍打傷商人楊澄緒以及攔劫開槍射傷女會計員。另一項則是謀殺罪,即開槍打死人質王慶福。

在審訊期間,控方申請撤銷謀殺人質的罪狀,法官判許國順謀殺罪無事省釋(discharge not amounting to acquittal);但是,這並不代表他完全無罪,只要控方掌握了新證據,還是可以再控他謀殺。

許國順堅持他沒殺人質,他在法庭上說,他在案發當天掙脫了「政府人員」的糾纏之後,拔槍朝天開了幾槍,然後跳上路過的貨車,用槍指著人質王慶福,以福建話喝令他把車開快些,當時他是坐在司機座位旁邊。

貨車在麥士威路行駛時,他聽到貨車後面傳來多聲槍響,當中一槍打中他的右肩。然後,他見到人質已經一動也不動了。

他連忙接過了方向盤,慌亂中把貨車開入趙芳路,貨車接著失去控制,撞中溝渠停了下來,他拔腿往珍珠山臺的方向

掙脫。法庭曾傳召記者上庭供證，皆稱說資訊是案發當天，根據警方發言人公布案發經過時提供的。

至於許國順的落網，也相當戲劇化，可說是踏破鐵鞋無覓處，得來全不費工夫。

2004年，一名新加坡裝修商在新山加油站遇劫，遭悍匪開槍打死，新山警方在查案過程中，才意外獲知許國順的下落，馬上通知警方，包圍新山一住宅，不費一槍一彈，逮捕了這名逃亡了19年的頭號通緝要犯。

警方做夢也沒想到他們要捉的逃犯，竟然藏在一水之隔，一岸之遙的新山已經19年；許國順更是做夢也沒想到19年了，新加坡警方對他還是「念念不忘」，他最終還是法網難逃！

他或許不知道，在新加坡犯了法，無論大小，不像一些國家與地區，不同類別的罪案有不同的時效，而是「追你追到天涯海角」，「追你追到死」！

◆ 七

19年曆經滄桑，許國順落網時已經從31歲的「極其危險人物」變成了年屆半百，頭髮半白的「落魄」中年人。他在被捕之前的四個月中風，而且還患了糖尿病。

昔日的暴戾氣焰，消失殆盡，許國順引渡回來新加坡受審時，不禁感慨萬千。

在給警方的口供書中,許國順說,他和同夥的計畫是打劫到銀行提取鉅款的客戶,而不是銀行本身。

事實上,他們在當天先後去了珊頓道一帶的五家銀行:滙豐銀行、美國銀行、海皇劇院旁的一家銀行、發展銀行和工商銀行。

他花了不少時間,找尋下手目標,可是卻不得要領。

在他前往第六家銀行(即工商銀行對面的銀行)的途中,被接獲情報的警探截住,雙方交戰。

許國順聲稱,他掏出一把0.22口徑自動手槍,向空中開了幾次,但他無法記得確切的次數,好像是四五槍。

他說:「由於那是自動手槍,我不清楚到底開了幾槍……我原本要保留一枚子彈給自己,但卻無法控制開槍的次數。當時,我已經沒子彈了。」

許國順並沒說明,為什麼要留一枚子彈給自己。

他面對一項開槍意圖傷害林家振探曹的罪名,而在高等法院受審時說:「據我所記得的,林探曹不是抓著我的人。」

律師:「事件發生了20年,你這麼說有什麼根據?」

許國順:「因為我的印象是,捉我這個人強壯,臉皮圓圓的。」

他說,從後面用雙臂環抱著他的警員,是個「穿著名牌汗衫的大個子」。他指的是警探郭志光。但郭志光出庭時,因為年紀大了,而且曾經中風,記憶力大退,已經無法記起。

當年,各報的報導是指郭志光從後面捉著許國順,但卻被

了幾個月。之後，他又到柔佛笨珍找兒時玩伴杜暉，在那裡住了三、四年。初時，他沒有工作。可是，坐吃山空，他於是透過杜暉的介紹，當起雜工。

後來，他又隨另一個朋友，去吉打州住幾個月。他們兩人再搬到檳城住了幾個月，他最終獨自搬到吉隆坡。

他在吉隆坡居住至1993年，之後搬回新山。他不敢在異鄉「重操舊業」，打家劫舍驚動警方，只好繼續在地下賭窟、地下錢莊、外圍賭馬集團以及娼寮等「見不得光」的場所，當跑腿、把風、管理員以及臨時工等。

由於他好賭，在異鄉也欠了一屁股債。為了逃避債主，他再度離開新山，去了吉隆坡，之後來往兩地多次。2003年在他被捕前的四個月，回到新山的他，突然中風，但病情不重，康復後還能行動自如。

許國順引渡回來新加坡約一年後，他被告上法庭。在多次接受審訊時，他堅決否認開槍打死貨車司機王慶福。他說，他在逃亡期間，獲悉報章報導他擊斃貨車司機。他非常不開心，聲稱他是冤枉的。

「我做了幾起持械搶劫，也曾幾次開槍，但至今從來沒有殺過人。」

他說，他當時坐在司機左邊，怎麼可能射傷司機右邊頸項？

可是，在1998年12月，驗屍庭已經裁定，貨車司機是被許國順槍殺的。

亡命匪喊冤

現場捉到的 43 歲劫匪之後，到多個許國順經常出沒的地方，以及從「認識」他的私會黨分子口中，掌握了更多線索，逮捕了他的兩個同黨。

至此，他的「四人集團」已告瓦解。警方同時也封死了許國順的退路，相信他在本地已經無路可走，極可能逃到鄰國。要求馬來西亞警方協助的結果，最初獲知的情報是：許國順已逃到彭亨州。

一直到許國順 19 年後落網時，在他向警方所錄的口供書裡透露，他當天與警方交戰之後，確實曾經藏在珍珠山臺警察宿舍後面，而且他還撥電到刑事偵查局，要聯絡一名當警探的朋友，但對方不在局內。

右肩中彈的許國順，躲在警察宿舍外時，把背靠在牆上來止血。之後，他負著槍傷，搭計程車回到亞歷山大路附近的住家。當時，他的妻子和 4 歲幼女不在家，大女兒則在學校。

隔天清晨 5 時 30 分，天未亮，他匆匆趕到明古連街，搭計程車去新山，開始他 19 年的逃亡生涯。

許國順離家時，身懷兩萬元。這筆錢，是他前幾次打劫分得的贓款。

到了新山，聯絡了道上的朋友阿龍，他託阿龍幫他「找關係」去曼谷，可是，對方說他在泰國沒聯絡人。

阿龍建議他前往吉蘭丹州投靠阿輝，阿輝用剃刀把射入他右肩的彈頭刮了出來。許國順靠他帶著的兩萬元，在吉蘭丹住

多家華文報便是在這期間,接獲槍匪的「自辯書」。

為了協助警方調查,各報都把「自辯書」交給了警方。

許國順的妻子證實,那正是丈夫的筆跡!

◆ 六

槍匪許國順究竟逃往何方?說起來,他的逃亡還相當戲劇化。

槍戰之後的當天,警方便通宵達旦展開全島大搜尋,行動最初的焦點放在五個地點:大巴窯警署附近公共房屋的兩個地方、立達路下段邊緣停車場、牛車水、珍珠坊及丹戎禺一帶。

最戲劇化的是他曾負傷出現在離現場不遠的珍珠山臺警察宿舍,警方人員在接獲一名探員家屬的電話後,在槍戰第二天凌晨2時,重重包圍警察宿舍,搜尋一番後,許國順已經「捷足先逃」。

警方捉不到槍匪,卻在多名單身警員的房間內,發現多名「陌生」男女,還有一些賭器,並且扣留了一名男子。不過警方並沒證實此事,還再三強調,絕無任何警員牽涉此案,也沒任何警務人員跟許國順有關聯。

不過,當時有可靠消息指出,許國順從趙芳路越過新橋路及餘東璇街後,闖入警察宿舍找「朋友」;還有消息透露,他最終透過廈門街的「黑道老大」找關係,逃出境外。

警方一連多日的突擊搜查行動也不是全無收穫,在盤問了

亡命匪喊冤

槍發射與反彈時的熱氣造成的灼痕,由這點則可證明,手槍距離人質最多是 10 到 12 公分。

趙自成教授跟著以他到棄置貨車的現場所搜獲的證據,推斷人質可能是在武吉巴梳與趙芳路交界處遇害的。推論有兩個重點:

其一:兩路交界處,留下車子失去控制時的輪胎痕跡。

其二:人質所坐的司機座位,血跡不多,只有右頸部分的血往下滴。

假定人質早在金華戲院警匪交戰時中槍,他所流的血應該不少,而且也會濺及司機座位。趙教授進一步推斷槍彈射入的部分是在右方,相信槍匪當時是右手拿槍,緊勒人質的頸項,用槍指著人質右邊的脖子,命令他開車逃跑。

教授在以 X 光確定子彈停留的位置後,在兩名醫生的協助下,花了三個小時,小心翼翼把子彈取了出來。

那是一枚鉛彈,由於在擊中人質脊椎骨時已受損,雖然測出子彈口徑比 0.22 大些,而一般警務人員的佩槍都是 0.38 口徑的左輪。0.38 口徑的左輪火力比較大,近距離開射會造成很大的傷口,而且會留下焦灼痕跡,發出的聲音比較響。0.22 或者 0.32 口徑的手槍發出的聲響較小,造成的傷口不大。而趙芳路一帶的居民在受警方查問時透露,他們聽到的槍聲並不很響。

一切的證據幾乎肯定人質是許國順開槍殺死的,法醫與警方特地聯合開了記者會,通緝令跟著釋出。

刮花。同一把槍射出的子彈，刮花的痕跡是一樣的；不同的槍射出的子彈，刮痕當然是不同了。

彈頭的刮痕，只要放在顯微鏡下對比，便可一目了然，異同立分，無所遁形！

◆ 五

在鑑識科人員忙於「查槍驗彈」之前，法醫趙自成教授從現場回來後，已經馬上進行剖屍查死因的工作，揭開了人質慘死之謎——從致命傷口的破壞程度、槍彈射入人體的距離與角度，顯示人質並非警務人員開槍所殺，而是槍匪開的槍所釀的悲劇。

趙教授剖驗的結果，顯示子彈是從人質王慶福的右肩背擦過，然後，以三十度的角度，從右耳下的頸背穿入，擊碎脊椎骨，破壞一條血管後向上折，最後停在左下顎。

脊椎骨的神經中樞一旦遭子彈貫穿破壞，只要短短數秒，便可取人一命！

從這點可以證明人質要是在金華戲院旁邊警匪槍戰時右頸中彈的話，絕對不可能把貨車從尼路轉入武吉巴梳，再右轉入趙芳路。因為整段路長約半公里，而人質中槍活命的機會只有幾秒鐘。

除此，人質的致命傷口留下的焦灼的痕跡，右肩背也有手

亡命匪喊冤

要知道哪枚子彈是出自哪把槍？要知道槍是從多遠的距離發射？以及槍手用的是哪個類型的槍？這間射靶室可以揭開個中「奧祕」。

跟許國順槍戰的共有三名警務人員，即馬里亞警長、林家振探曹與郭志光警探，到現場展開大搜查的警務人員共約50名。由於有人質被槍殺引起熱議，鑑識科人員奉命「盡快徹查」。

當時的鑑識科主任張廷寶收集了所有警務人員的50多把佩槍，花了幾天幾夜，在不同的距離，每把槍各發四彈，向水庫與木箱連開了200多槍。

最後，他把棉花旁邊槍洞的子彈粉末樣本與現場採集的樣本對比，測試結果加強了法醫趙自成教授的判斷，人質脖子裡的子彈，並不是從警槍所射出來的。

原來，在開槍時，子彈會隨著一股力量推出槍管，槍管冒出一陣煙後，飛出來的子彈穿透人體，衣服便會有個「洞」，洞旁則會留下肉眼看不清楚的粉末，這些粉末是子彈裡沒完全燃燒的火藥。

這些粉末必須用一種特別化學處理過的紙張檢驗，才能將粉末分布的形狀顯現出來。從顯現出來的粉末形狀，便可知道子彈射出的距離。

洞旁的粉末多，顯示子彈是從近距離射出的；粉末越少，射程越遠。

除此，子彈經過槍管射出時，彈頭會被槍管內壁的螺旋紋

這個集團涉及的其他比較重大的案件還包括：

1983年10月1日，鋁業工廠董事楊澄緒在珊頓道一銀行停車場遭槍匪連開三槍，右手臂中了一彈，身上8萬元分文未失，槍匪見驚動了他人，倉皇逃走。

1984年5月19日英娥街一運輸公司一對姐妹在槍尖下，6,000元落入匪手，幸好槍匪未開槍。

在這兩起案件裡開槍的槍匪後來都證實是許國順。

至於無辜被殺的人質王慶福，死時年僅26歲，他有一兄兩姐兩妹，排行第四。他一向來協助當二手承包商的兄長，在建築工地做工。出事當天午餐之後，他依照兄長的吩咐，準備前往麥士威路交通警局繳交交通違規罰款，沒想到中途竟然遭逢不幸。

◆ 四

這是一個設計特殊的射靶室，裡面有兩個靶道：一個是高兩公尺、直跨兩層樓高的漏斗狀水庫。另一個是長兩公尺，裡面滿塞電話簿與棉花團等東西的木箱。

漏斗水庫是利用水的阻力縮短射擊的距離，鑑定槍管的痕跡和子彈的配對。「有料」木箱則可從一端發射出去的槍彈，鑑定中彈的痕跡，從而推斷出槍的射擊距離與角度。

這個擔負重任的射靶室是法證科學服務處屬下鑑識科所設立的。

亡命匪喊冤

車水附近的北京街長大，成家之後，租了查理士太子道單房式公共房屋，與妻女同住。他是家中長子，有多個弟妹，母親早年在北京街一條橫巷擺攤賣粽子與糕點，生意很好，家境小康。

許國順好賭成性，幾乎天天往直落亞逸、廈門街與北京街的地下賭窟狂賭。他特別好賭骰子，也很好勝，賭注很大，非「殺」到日月無光不回家。

由於他當時沒工作，何來賭注，事不關己，沒人過問。

警方檔案顯示，許國順是活躍的私會黨打手，在美芝路與哥羅福路一帶橫行，他也經常出入新山的賭窟。他在1979年曾因搶劫案被捕，但被告上法庭時修改為偷竊，判處了幾個月的有期徒刑。出獄之後，他招兵買馬，經常利用懸掛假車牌的摩托車或汽車，專在「金鞋區」的銀行外，搶劫從銀行提款出來的人。

雖然名為「四人集團」，但有時兩人出動，有時四人齊出，匪車多數是偷來的。這支集團在三年以來，犯下最少15起持械搶劫案，而且動輒開槍，傷了兩人。

當中一起案件發生在1984年3月30日中午12時30分，也就是槍戰發生前的四個月，一名26歲懷孕的女會計員在兩名畫廊同事的陪伴下，從銀行提了近萬元出來，路經皇后坊維多利亞劇院外遭矮匪搶去裝滿現金的手提袋，女會計員還被對方開了兩槍打傷了頸項，矮匪得手後登上一輛接應他的摩托車逃跑。開車的是個高瘦的男子，也即是在槍戰現場被捕的43歲男子，他幾年後病逝於監牢裡。

斷人質如果是在警匪開火時右頸中彈，應該無法把貨車開到半公里之外才斷氣。因此，相信是在逃的矮匪可能是因為人質反抗，或怕人質向警方描述他的廬山真面目而殺人滅口。

至於居民聽到趙芳路傳來的槍聲，發自何方何處？在趙芳路究竟發生了什麼事？直到今天仍然是個謎！

◆ 三

這起轟動社會的警匪喋血案，當年引起熱議的有兩大焦點。

其一：人質落入歹徒手中，警方是否應該開槍？

其二：是誰殺害了人質？

針對第一點，警方人員的職責是保護人民的生命與財產，因此很清楚明瞭，確保人質安危最重要，盡可能避免開槍。

不過，在警方自衛法令下，要是槍匪做出對人質、周圍的人士或者執法人員不利的行動，或者做出威脅到性命的危險舉動時，警方人員是可以開槍制止慘劇發生的。

持不同看法者則認為，既然警方早已接獲可靠情報，既然已經知道案發地點是在鬧市，理應要有更妥善的安排與部署，或許可以避免槍戰，傷及無辜！

在逃矮匪的同夥在槍戰之前落網，警方從他的口中，揭開了在逃矮匪的身分。

他證實是31歲的許國順，是一個四人集團的領袖。他在牛

亡命匪喊冤

　　約 60 名警方人員封鎖了現場，一隊鎮暴隊與多頭警犬也在附近一公里的範圍，展開地毯式的搜尋，結果發現一隻鞋子與一件血衣。

　　這條血衣，長袖，黑底細線條，右背有個小洞，可能是槍彈射中的。

　　查案人員由警犬嗅血衣「按圖索驥」，把搜查範圍延伸到恭錫街與牛車水小販中心一帶的街屋、住家與娼寮，結果從多個居民口中，獲知有人背部流血，謊稱是遇到車禍受傷，拒絕居民協助，匆匆脫了血衣離去。警方肯定他是中了槍的矮匪。

　　查案人員地毯式與逐屋搜查近兩個小時，血跡在人民劇場後面一個建築工地旁邊便沒了，進入工地調查，亦一無所獲，矮匪想必已經負傷逃去了。

　　這時，法醫趙自成教授與驗屍官真德南也親臨現場查驗，發現人質右頸中了一槍，彈頭可能還留在頸項內。

　　這起驚險罕見的警匪喋血戰，從警方跟蹤埋伏、劫匪開槍拒捕、劫貨車到人質被殺，前後兩個小時。警匪追逐的路程長達兩公里，雙方最少開了八槍。

　　尤其是第二次警匪交戰，充滿弔詭的意味。

　　據警方透露，警長的車是在被劫貨車左方，警長開了三槍，郭志光警探開了兩槍，之後貨車不知去向，待兩探發現貨車在趙芳路時，已經車在人亡。

　　警方當時是以人質中槍的角度，加上警匪槍戰的方向，推

馬里亞警長招呼郭志光警探上車追逐矮匪，矮匪則用槍威脅貨車司機朝麥士威路開去。

　　馬里亞警長的車子從後猛追到金華戲院旁邊，紅綠燈轉紅，警長把車停在貨車左方，他與郭志光警探一起下車，高喊矮匪投降。

　　矮匪拒降，揮動手槍，竟然對準馬里亞警長與郭志光警探放槍，二警還火，警匪二度槍戰。

　　這場槍戰，短兵相接，快如閃電，間不容髮。

　　受挾持為人質的貨車司機在矮匪槍尖的威逼下，直闖紅燈，朝尼路飛馳。馬里亞警長與郭志光警探要登車再追時，已經失去貨車的蹤影。

　　至此，警匪槍戰亦告結束，沒想到，一波未平一波又起。

　　不久，警方接到民眾電話，說是有一輛貨車棄置在趙芳路廈門公會前面，車內有個人死了！

　　中央警署人員趕到現場，證實死者是被挾持的人質王慶福，持槍矮匪則已經逃跑無蹤。

　　警方依據現場的情況推斷，矮匪令王慶福把車開進武吉巴梳路，然後在大華酒家之前右彎入不准駛入的趙芳路內，最後，一聲槍響響起……

　　現場所見，貨車右方的方向燈仍未熄，但擋風玻璃鏡盡碎。王慶福倒在司機座位，右頸血流如注。貨車外也有點點血跡，查案人員懷疑是第二次警匪交戰時，矮匪中了槍所留下的。

助理警察總監說,郭志光警探由後撲出,要趨前捉拿矮匪,兩人扭打起來。

矮匪非常機警狡猾,馬上拔槍,朝迎面撲來的林探曹開了一槍。

為了自衛,林郭二探各還一槍,子彈射破了工商銀行的玻璃大門,也打中了一輛路過汽車的擋風玻璃鏡。

矮匪邊開槍邊逃跑,一名孕婦剛好路過,他用槍指著她,原想把她當人質作擋箭牌,後來看到一輛輕型貨車經過,便推開孕婦,轉移目標,跳上了貨車。郭志光警探追了上去,要開啟貨車車門,矮匪見狀,開了一槍。郭志光警探還火,矮匪蹲下身子,貨車絕塵而去。

由於地處金融鬧市,車多人眾,不少路人都被警匪追逐開火的鏡頭嚇得東藏西躲,還夾雜著驚呼高叫,氣氛緊張,場面混亂。

事件至此,掀起另一高潮,正是一仗方休,另一仗又緊接點燃!

◆ 二

在珊頓道的車龍當中,槍聲驚動了一名警長。

他是裕廊警署的馬里亞警長,他正要開車到中央醫院探病,看見郭志光警探還火,而矮匪則已跳上貨車逃走。

許國順正是 1984 年 7 月 30 日從警方包圍中突圍而出，列入警方頭號通緝要犯的槍匪。

當天中午 12 時 30 分，刑事偵查局取締組接到可靠情報，透露有兩個涉及四個月前皇后坊劫案的劫匪，會在珊頓道出現，意圖搶劫工商銀行。

情報還說：兩人一高一矮，一瘦一胖，身懷槍械，他們會共乘摩托車做案。

10 名取締組的幹探趕到劫匪準備下手的工商銀行附近埋伏，但卻撲了個空，兩名歹徒似已察覺，開著摩托車離去。

下午 1 時左右，探員分頭搜尋兩人下落。探曹林家振與探員郭志光則留在附近巡查。

兩探走到紅燈碼頭購物天橋下，發現了摩托車，他們拔腿追趕，摩托車卻開走了。

另一方面，顏金殿探長帶領了五名同僚，在工商銀行大門口發現摩托車，馬上開車追了上去。

在他們把包圍網縮窄時，一個 43 歲高瘦的男子，在銀行旁邊被擒，他奮力掙脫，最終還是落網。

林家振探曹與郭志光警探仍不甘心，繼續在珊頓道監視來往的可疑人物。

直到下午 2 時 40 分，他們在欣光大廈外發現矮胖男子，現身在銀行門口東張西望，鬼鬼祟祟。

根據當天釋出案發過程的警方民眾事務局局長歐陽榮華代

亡命匪喊冤

一名劫匪持槍與警兩度交火,挾持一人質逃跑。人質中槍身亡,劫匪逃亡期間致函報社「伸冤」,聲稱人質非他所殺。然而,法醫、鑑識人員與驗屍官都指他是元凶。

19年後,他難逃法網,承認與警交火,觸犯軍火法令,判處了死刑。他偏偏不承認他殺了人質,他在法庭喊冤:「我不服氣,我是冤枉的!」

未解的謎團是,殺人質這條罪獲判「無事省釋」。

為何「無事」?那枚打中人質的子彈從何而來?法庭與控方並沒有在庭上說明。

「無事」不等於「無罪」,控方一旦掌握新證據,可以重新再提控被告,可是,如今已經過了好幾年⋯⋯

這起案件還是得從30多年前說起⋯⋯

◆ 一

「本人對無辜的不幸者王慶福之死,感到終身遺憾。因為慶福之死是由本人間接連累到他,而不是如報章與警方所說的,在此,本罪人(許國順)可向全新加坡人民發毒誓,慶福不是我親手殺害,而是在金華戲院紅綠燈處被一個探員所發出的子彈打中身亡。當時我只想用慶福當人質⋯⋯」

1984年8月5日,三家華文報先後接獲這封「槍手」許國順的自辯書,密密麻麻寫滿了四張活頁紙。

亡命匪喊冤

　　劫匪「阿順」持槍與警兩度交火,挾持一人質逃跑。人質中槍身亡,「阿順」致函報界「喊冤」,否認殺了人,可是,所有的證據都指向他。

　　逃亡 19 年後,他難逃法網,但他只承認與警交火,殺人質之事仍舊不承認。他在軍火法令下判處了死刑,然而人質被殺的謎團始終未解開。